Souvenirs Du Vieux Paris

DÉDIÉS

à S. A. R.

Monseigneur le Duc de Bordeaux

DIX-HUIT SUJETS

Dessinés d'après nature et lithographiés

par

Le Comte T. TURPIN de CRISSÉ.

1833.

Souvenirs Du Vieux Paris

DÉDIÉS

à S. A. R.

Monseigneur le Duc de Bordeaux

2ᵉ PARTIE.

QUATORZE SUJETS

Dessinés d'après nature et Lithographiés

par

Le Comte T. TURPIN de CRISSÉ.

1834.

SOUVENIRS

DU VIEUX PARIS

EXEMPLES D'ARCHITECTURE

DE TEMPS ET DE STYLES DIVERS

OUVRAGE DÉDIÉ

A

Monseigneur le Duc de Bordeaux

Par le C.te T. Turpin de Crissé

MEMBRE HONORAIRE DE L'ACADÉMIE DES BEAUX-ARTS

AVEC DES NOTICES HISTORIQUES

OU DESCRIPTIVES

Par M.me la princesse de Craon, M.me la comtesse de Meulan,

Et par Messieurs

de Beauchesne, Castellan, de Clarac, de Coutchamps, de La Porte, de Lasalle, de Pastoret, Quatremère de Quincy, Raoul-Rochette, de Rességuier, Revoil, du Sommerard et de Vineux.

PARIS, IMPRIMERIE DE E. DUVERGER, RUE DE VERNEUIL, N. 4.

1835

UN MOT D'INTRODUCTION.

Les fragmens d'architecture que nous offrons réunis dans une de nos planches pourraient bien ne paraître, au premier coup d'œil, que des restes informes, que des débris sans intérêt d'édifices sans nom; mais l'architecture, même mutilée, même réduite à des membres épars, parle à des yeux intelligens, comme le génie se révèle, pour qui sait le comprendre, jusque dans les feuillets d'un livre déchiré. Un antiquaire n'a besoin que d'un tambour de colonne, d'un fragment de chapiteau ou de corniche, pour reconnaître l'élégante civilisation des Grecs, ou l'œuvre de la puissance romaine, avec autant de certitude que s'il avait sous les yeux un texte grec ou latin. Tout se liait dans l'existence des anciens peuples, tout y était d'accord dans leurs institutions et dans leurs monumens, dans leurs croyances et dans leurs arts; et il en a été long-temps de même de la France, tant qu'elle eut sur son sol antique son développement régulier dans les traditions héréditaires de sa monarchie nationale. Alors aussi son architecture avait un langage qui lui était propre, comme sa religion, comme sa littérature; son histoire s'exprimait dans ses monumens, aussi bien que dans ses annales; et les formes diverses de sa civilisation se trouvaient imprimées sur la pierre de ses édifices, comme dans toutes les œuvres de son génie. La révolution, avec son marteau, a mis fin à cette longue et brillante histoire de la France; elle a créé des ruines comme les seuls monumens qui fussent dignes d'elle; et voilà pourquoi les fragmens que nous publions instruisent et intéressent à la fois, comme dernier souvenir de notre vieille France, et comme preuve authentique de notre histoire contemporaine. Les pierres ont aussi leur éloquence; et pour qui sait lire l'histoire d'un peuple sur le front de ses monumens, Notre-Dame avec ses hautes tours, et le Louvre avec toutes ses magnificences, ne parlent pas plus clairement que le moellon et le plâtre de nos boutiques.

On ne sera pas surpris de l'intérêt que ces débris inspirent à un antiquaire; au même titre ils mériteraient encore l'attention d'un philosophe. De tous les arts que le génie de l'homme a créés et mis en œuvre pour l'ornement des sociétés, l'architecture est sans contredit celui qui remplit le mieux son objet, qui répond le plus fidèlement à sa destination; c'est l'art qui exprime avec le plus d'exactitude la physionomie et le caractère de chaque peuple, le goût et le génie de chaque époque; et quand l'imitation, en se dégradant dans son principe et dans les arts qui dépendent d'elle, devient un moyen général d'erreur, l'architecture seule demeure, dans sa corruption même, un élément certain de vérité. Des novateurs altèrent et vicient les langues, des sophistes faussent les institutions, des sectaires corrompent les croyances; la poésie, la littérature, l'histoire, deviennent factieuses, infidèles ou flatteuses comme l'intérêt du moment, comme la politique du jour; et un peuple peut être tourmenté de tant de manières par ceux qui sont chargés de le conduire, qu'on ne puisse le reconnaître dans ses écrits ni dans ses lois, dans son gouvernement ni dans son langage. Mais, où il se retrouve encore tout entier, c'est dans ses édifices; son architecture est la seule chose de lui qui ne lui manque jamais, qui ne le trahisse en rien. Tout dans la vie de ce peuple est devenu imposteur et faux, ses institutions et ses livres, ses arts et ses élections; son architecture seule ne trompe pas; seule, elle le représente fidèlement au milieu de tant de déceptions qui le déguisent à ses propres yeux. L'art des rhéteurs, qui subjugue les esprits et les volontés, échoue contre les pierres; on supprime ou l'on falsifie l'histoire, on réduit tout au silence ou au mensonge; mais il n'est pas possible de faire taire ou mentir l'architecture; et la conscience de tout un peuple, partout séduite ou opprimée, parle et s'exprime dans tous ses édifices.

La ville que nous habitons, théâtre de tant de révolutions du goût et de la société, n'en a pas conservé de preuves plus authentiques, d'élémens plus palpables, que dans le peu de monumens qui lui en restent, ou de débris mêmes de ces monumens; et, pour étudier son histoire, il suffirait de parcourir son enceinte. Ce qui subsiste à Paris, sous le nom de Palais des Thermes, de la résidence romaine des empereurs et de leurs lieutenans, montre ce qu'était cette puissance qui construisait pour l'éternité, après avoir soumis le monde, et dont les institutions, cimentées comme ses édifices, savaient emprunter à tant de localités diverses tant d'élémens de force, toujours en y imprimant le génie de Rome. Cet imposant débris d'architecture romaine forme pour ainsi dire le premier chapitre de notre histoire; et si l'on relève par la pensée les édifices de charpente et de toile que l'art de notre siècle avait construits à l'usage de l'industrie, cette première puissance de notre âge, on n'aura qu'à les comparer avec le Palais des Thermes pour mesurer tout le chemin que Paris a parcouru dans la carrière de la civilisation, à partir de la rue de La Harpe jusqu'à la place de la Révolution, et du troisième siècle au dix-neuvième.

Nous voulons offrir, dans toutes les vues de ce recueil, par toutes les ruines qu'il présente, et jusque dans les moindres débris de ces ruines, les mêmes moyens de rapprochement et de comparaison, et conséquemment les mêmes motifs d'instruction et d'intérêt. En suivant notre marche dans notre Vieux Paris, depuis les temps des Romains jusqu'à nos jours, on y verra, dans les transformations diverses de l'architecture, les métamorphoses nombreuses de la société. Avec le noble et solide plein cintre qui s'allonge peu à peu et s'aiguise en ogive; avec le système entier de l'art des Romains qui s'altère par degrés, se décompose dans tous ses élémens et passe par tous les excès du gothique, pour ainsi dire comme par tous les excès de la force, on apprendra par quelles routes diverses a marché la civilisation du moyen-âge; et, comme dans les disputes de sa scolastique, dans les joutes brillantes de ses tournois, dans les jeux poétiques de ses cours d'amour et de ses mystères, on la reconnaîtra, cette civilisation naïve et forte, rude et subtile, dans les formes capricieuses et bizarres qu'elle donne à son architecture, dans ces faisceaux de petites colonnes, dans ces flèches aiguës, dans ces nombreuses tourelles, dans tout cet appareil de la pierre qui se découpe de mille manières, qui se charge de broderies et se travaille en dentelles. Plus tard, aux quinzième et seizième siècles, lorsqu'on voit apparaître les réminiscences de l'antiquité avec le goût de la renaissance, c'est toujours le même phénomène qui s'offre à ses regards dans tous les édifices de cette époque. Alors c'est l'art des Florentins qui nous arrive avec leur politique; c'est un rayon du siècle des Médicis qui se reflète sur les murs de Paris, et le Louvre est là pour attester tout ce que la France devait à l'Italie et tout ce qu'elle valait elle-même.

Nous traverserons ainsi, sans sortir de notre Paris, la cité de Henri IV et de Louis XIII, celle de Louis XIV et de Louis XV, et nous continuerons d'y lire l'histoire morale de chaque règne dans chacun de ses monumens. Alors aussi nous aurons sous la main plus d'élémens de cette histoire fournis par l'architecture civile, et ce sont ceux-là qui offrent, plus que tous les autres, le genre d'instruction qui nous intéresse. Il en est quelquefois des monumens de l'État ou des palais du prince, comme des actes publics ou des récits officiels; la raison peut y être sacrifiée à l'effet, et l'exagération peut s'y montrer aux dépens de la vraie grandeur; mais, dans les habitations privées, c'est bien le goût de chaque époque, encore plus que celui de chaque particulier, qui règne dans tous les détails de l'édifice. C'est là surtout que l'on observe la civilisation d'un peuple sous toutes ses formes, que l'on étudie toute une société dans la demeure d'un seul homme, et que l'on saisit les mœurs véritablement sur le fait. L'hôtel de Cluny, tout défiguré qu'il est et masqué de constructions modernes, ne respire-t-il pas, dans ce qu'il a conservé du quinzième siècle, ce que cet âge avait de religieux et d'austère, avec ce qu'il comportait déjà d'élégance et de recherche? Et peut-on voir l'hôtel de Carnavalet, où brillent à la fois le génie de Jean Goujon et le souvenir de madame de Sévigné, sans se croire un moment, par une de ces illusions qui ont tout le prix de la vérité, contemporain de l'un et de l'autre?

RAOUL ROCHETTE.

THERMES DE JULIEN.

Il est fort inutile de rechercher ce qui a pu donner lieu d'appeler ce reste de construction le *Palais des Thermes.* Tous les débris de bâtisse dont une grande partie de ce quartier se trouve encore rempli témoignent que sur son emplacement furent pratiqués des caveaux voûtés, des conduits souterrains parfaitement semblables à ce qui existe partout où les Romains construisirent des bains publics ou des thermes. Mais, au milieu de tous ces fragmens de constructions souterraines qui servent de caves à beaucoup de maisons du quartier, s'élèvent encore de grands pans de murailles, portions des pièces précédant la grande et magnifique salle qui, ayant échappé à la ruine générale, est restée jusqu'à nos jours entièrement intègre dans ses murs et dans la totalité de ses voûtes. Remarquons, en l'honneur de la solidité de sa grande voûte, qu'elle servit jusqu'à ces dernières années de terrasse à une maison voisine, et que tout son extrados était chargé d'une épaisseur de dix pieds de terre, où de grands arbres fruitiers avaient pris racine.

Désencombrée aujourd'hui de cette surcharge et débarrassée dans ses alentours, cette salle se présente maintenant à la curiosité publique et à l'instruction des architectes comme un exemple précieux du système de construction que les Romains mirent en œuvre chez eux, et qu'ils transportèrent partout où ils étendirent leur domination. On veut parler de l'art de faire des édifices grands et solides avec de petits et vulgaires matériaux. Il est vrai qu'un pareil système exige d'excellens cimens et de bons enduits. Les murs de la salle des Thermes de Julien étaient recouverts d'une couche de stuc qui a, selon les endroits, trois, quatre et même cinq pouces d'épaisseur.

Cette salle a cinquante-huit pieds de longueur, cinquante-six de largeur et quarante de hauteur au-dessus du sol actuel de la rue de la Harpe. Une grande fenêtre en forme d'arcade y introduit une très belle lumière; elle est pratiquée en face de l'entrée, au-dessus de la grande niche, et précisément sous le centre de la voûte. Celle-ci est, comme dans les grands intérieurs des thermes de Rome, construite en arétes, genre de couverture peu dispendieux et très solide, parce que toutes les poussées y sont divisées, et qu'il ne s'y opère aucun travail latéral. Si quelque chose pouvait le démontrer, ce serait sans doute la durée extraordinaire de cette voûte, malgré les causes de destruction auxquelles elle a été si long-temps exposée. Toutefois elle n'est formée que d'un blocage de moellons et de briques, avec un ciment composé de chaux et de sable de Paris.

La construction des murs de la grande salle consiste généralement en trois rangées de moellons, séparées par quatre rangs de briques qui ont tantôt un pouce, tantôt quinze lignes d'épaisseur. Les joints qui les séparent ont un pouce, et cette mesure est uniforme dans toute la construction. Les rangées de briques avec leurs joints forment une épaisseur d'environ huit pouces. Les moellons, taillés de pierre de liais très dur, ont de quatre à six pouces de face et environ six pouces de queue.

On trouve sous cette salle un double rang en hauteur de caves en berceaux, ou plutôt de larges conduits de neuf pieds de large et de neuf pieds de haut sous-clef. Trois de ces berceaux parallèles, séparés par des murs de quatre pieds d'épaisseur, se communiquent par des portes de trois et quatre pieds de large. Le premier rang de ces voûtes se trouve à dix pieds au-dessous du sol; on y descend par quinze marches. Le second étage est à six pieds plus bas. La longueur de ces voûtes souterraines est inconnue; on n'y pénètre pas au-delà de quatre-vingt-dix pieds; des décombres en interceptent l'issue. Les voûtes sont composées de briques, de pierres plates et de blocages à bain de mortier. La construction des murs est en petits moellons durs, de six pouces en long sur quatre pouces de haut. L'épaisseur du mortier dans les joints va depuis six lignes jusqu'à un pouce.

Il n'y a aucun doute que l'aqueduc antique d'Arcueil, dont on voit encore les restes, amenait des eaux à ces thermes.

Il y a quelques années, on s'est occupé du soin de conserver et de remettre en honneur ce précieux reste d'un édifice riche en souvenirs, et fécond en leçons de tout genre pour l'art de bâtir. La voûte de la grande salle a été dégagée et mise à couvert des injures de l'air sous une grande et solide toiture. On espérait alors qu'il serait possible d'isoler sa construction des maisons qui s'y accotent et de désobstruer tous ses abords. Des fonds avaient été faits pour cet objet. Une nouvelle administration est survenue; elle a demandé à quoi cela serait bon, et, sans attendre la réponse, elle a retiré les fonds.

Quatremère de Quincy.

RESTES DU PALAIS DES THERMES.

Rue de la Harpe.

PLATE

ABBAYE DE Sᵀ-GERMAIN-DES-PRÉS.

La fondation de l'abbaye de Saint-Germain-des-Prés remonte à une époque très reculée de l'histoire de France.

Brûlée plusieurs fois par les Normands, rebâtie et restaurée à diverses époques depuis Childebert, qui en jeta les premiers fondemens, elle présentait dans son ensemble une suite d'édifices de style et de goût différens. C'est pourquoi l'histoire de cette église et des vastes bâtimens qui en dépendaient offrirait l'histoire presque complète de l'architecture de Paris pendant environ douze siècles, si la révolution n'avait pas détruit, non-seulement l'institution des savans religieux de Saint-Germain et le dépôt que leur bibliothèque renfermait en livres rares et en manuscrits, mais encore toutes les parties de cette vaste abbaye. Indépendamment de l'église, elle comprenait dans son enceinte des cloîtres, des galeries, des réfectoires, des salles immenses et des logemens sur l'emplacement desquels passent maintenant plusieurs rues.

Le lieu où était l'église primitive s'appelait très anciennement *Locotitia*. Il y avait encore des vestiges d'un temple d'Isis, lorsqu'en 556 Childebert en jeta les fondemens sous l'invocation de la Sainte-Croix et de saint Vincent.

Ce fut à la sollicitation de saint Germain, qui était alors évêque de Paris, que le roi, après la guerre qu'il fit en Espagne contre les Visigoths, exécuta le projet qu'il avait conçu de bâtir une église pour y déposer les reliques apportées de Saragosse et de Tolède. Il fit ériger en même temps un monastère dont la direction religieuse fut confiée à saint Germain.

Cette première église avait la forme d'une croix, et l'on prétend que la croix d'or ornée de pierres précieuses, et apportée de Tolède, avait servi de modèle pour en tracer le plan.

Le plafond, orné de lambris dorés, était soutenu par de grandes colonnes de marbre. Les murailles étaient embellies de peintures sur fond d'or; le pavé était en mosaïque, et le toit, couvert de cuivre doré, fit donner par la suite à cette église le nom de *Saint-Germain-le-Doré*.

La construction de cette basilique ne dura que deux ans, ce qui peut faire croire qu'elle était en partie bâtie en bois, comme presque tous les édifices de cette époque.

Childebert, qui avait son palais près de là, visitait souvent les travaux; mais il mourut le jour même de la dédicace de l'église et il y fut enterré.

Saint Germain, profitant de l'ascendant qu'il avait sur Clotaire, qui succéda à Childebert, obtint d'importans priviléges pour l'abbaye; mais le saint mourut en 576.

Chilpéric avait une grande vénération pour cet évêque; il composa même une épitaphe à sa louange et fit bâtir une chapelle où l'on voyait son tombeau; ce qui peut faire présumer qu'il fit de grandes constructions à l'abbaye. On pense même que le portail, sur lequel semble poser la grosse tour, est de ce temps-là; ce seraient donc les restes d'une autre église érigée par Chilpéric sur l'emplacement de la première, ou tout au moins une addition qu'il y aurait faite.

Il y avait sous ce portail huit figures de grandeur naturelle, que l'on croit avoir représenté saint Germain revêtu des habits pontificaux, Clovis tenant le sceptre surmonté d'un aigle, sainte Clotilde et Clodomir; les quatre autres figures à droite étaient Chilpéric, Childebert, Ultrogothe et Clotaire. Ces statues ont été enlevées et remplacées par des colonnes en pierre; il ne reste plus que les chapiteaux ornés et les bas-reliefs au-dessus de la porte, représentant Jésus-Christ faisant la Cène avec ses apôtres. Ce bas-relief peut donner une idée de l'état de la sculpture dans le sixième siècle. La tour, s'élevant au-dessus du portail, doit être de la même époque, si toutefois elle n'est pas plus ancienne; les arcades et les colonnes engagées, ainsi que les chapiteaux corinthiens dont elles sont couronnées, indiquent assez un style emprunté de l'architecture romaine, qui vraisemblablement prédominait dans un temps antérieur à la construction des voûtes ogives du porche. C'est en effet aux arcades plein-cintre et à certains ornemens remarquables dans l'architecture de cette tour qu'on distingue les édifices gaulois qui ont précédé ceux de l'architecture dite gothique; c'est pourquoi le porche, qui n'est que *plaqué* à la tour, paraît être, ainsi qu'une partie de l'église, d'une époque postérieure à celle du clocher.

La basilique de Saint-Vincent prit successivement les différens noms des saints dont les reliques y furent déposées; mais, par la suite, elle fut plus particulièrement nommée basilique de saint Germain, confesseur, lorsque, par ordre du roi Pépin, le corps de ce saint fut transféré dans la chapelle Saint-Symphorien. Cependant la situation de l'église de Saint-Germain au milieu des prés qui, dans le seizième siècle, furent convertis en palais et en maisons particulières, lui fit donner encore le nom de *Saint-Germain-des-Prés*.

Vers l'an 787, Charlemagne, ayant fait venir en France des savans afin d'instruire la noblesse dans son palais même, exhorta les évêques et les abbés à suivre son exemple en établissant des écoles dans les cathédrales et dans les monastères pour l'instruction des ecclésiastiques. Robert, qui était alors abbé de Saint-Germain, établit dans son abbaye une académie d'où sortirent plusieurs écrivains estimés pour leur siècle.

C'est encore dans le huitième siècle qu'il se forma, entre les différens monastères, des associations qui n'avaient pas seulement pour but de s'envoyer réciproquement chaque année les noms des religieux et ceux des bienfaiteurs de l'ordre, des vers ou épitaphes en l'honneur des morts, mais encore de s'instruire mutuellement dans les sciences et les lettres, et ce fut une des causes de la célébrité de cette abbaye.

Dans ces temps reculés, les abbés n'étaient pas tous ecclésiastiques; c'étaient des séculiers puissans par leur rang, leur fortune ou leur savoir; ils allaient à l'armée, à la tête de leurs vassaux, avec les autres seigneurs, pour secourir le roi; c'est ainsi qu'en 844 Ébroïn, abbé de Saint-Germain, fut fait prisonnier en voulant rejoindre le roi Charles qui était à Toulouse.

Le neuvième siècle fut pour Paris spécialement une époque de troubles et de dévastation. En 845 les Normands firent une descente en France; ils abordèrent à Rouen avec cent vingt bâtimens, sous la conduite de Régnier; ils arrivèrent par terre sans résistance jusqu'à Ruelle, où ils apprirent que le roi marchait contre eux; ils passèrent alors de l'autre côté de la Seine, où ils mirent en fuite le peu de troupes qu'ils y trouvèrent. Ils entrèrent dans Paris, qu'ils livrèrent au pillage, et ils se rendirent maîtres de l'abbaye de Saint-Germain; mais ayant voulu s'emparer de la charpente de l'église pour en employer les poutres à la construction de leurs bateaux, ils furent saisis de frayeur et d'épouvante, disent les historiens du temps, lorsqu'ils tentèrent la violation de ce lieu saint. Forcés ainsi d'abandonner leur entreprise, ils traitèrent avec le roi Charles-le-Chauve qui était alors à Saint-Denis, et, moyennant une somme de sept mille livres d'argent, ils se retirèrent.

Cependant, douze ans après, l'abbaye fut encore pillée par eux, et en 884 ils entrèrent à Paris pour la quatrième fois.

Gozlin, qui était alors abbé de Saint-Germain, fut élu évêque de la ville. Aidé de son neveu Eble et des comtes Eude et Robert, il défendit vigoureusement le Grand-Châtelet que les Normands ne purent prendre, ce qui les contraignit à se retirer près de Saint-Germain-l'Auxerrois qu'on appelait alors Saint-Germain-le-Rond.

Les Normands cependant tenaient toujours Paris bloqué, c'est-à-dire l'île où était alors la ville. Ils s'étaient retranchés dans l'abbaye qu'ils avaient fortifiée; l'église était transformée en écurie où ils mettaient tous les bestiaux qu'ils avaient pris.

La valeur de Gozlin délivra encore une fois Paris des redoutables Normands; mais ce prélat mourut en 886, et ce ne fut qu'en 911 que la France devint tranquille, après avoir été troublée et dévastée par les Normands pendant plus de soixante-dix années. Charles-le-Simple fit enfin un traité avec eux, et l'abbaye Saint-Germain, tant de fois pillée et brûlée, n'eut désormais plus rien à craindre[1].

L'église qui avait été dévastée à plusieurs reprises, ainsi que nous l'avons dit plus haut, exigeant de fortes réparations, fut entièrement reconstruite, en 990, par Morard, abbé de Saint-Germain, et le roi Robert facilita cette entreprise par sa libéralité. C'est de ce temps que paraîtraient dater presque toutes les constructions de l'église maintenant existante, à l'exception du clocher dont nous avons déjà parlé. La partie du chœur, et peut-être même le porche, ne paraissent pas remonter plus haut, à en juger par la sculpture des chapiteaux et par les ogives de la voûte.

Cette église était remarquable par ses trois clochers; car, indépendamment de celui qui s'élève encore au-dessus du portail, il y en avait deux autres, un sur chaque extrémité de la croix. Celui du septentrion fut construit par Morard, qui y fit mettre des cloches; la tour du midi paraissait un ouvrage un peu moins ancien. On a à regretter la démolition récente de ces deux clochers.

L'abbé, tout en donnant beaucoup d'attention à rendre cet édifice digne de sa destination, n'apporta pas moins de soins à faire fleurir les lettres et les sciences dans la communauté. C'est peut-être là l'origine de cette jalousie de l'Université contre les religieux auxquels elle suscita par la suite tant d'avanies de la part de ses écoliers.

L'an 1129, on tint un concile provincial à l'abbaye en présence du roi, de la reine et de douze prélats, parmi lesquels était Suger, abbé de Saint-Denis.

L'église que l'abbé Morard avait fait bâtir était terminée en 1162, mais elle n'avait pas été consacrée. A cette époque le pape Alexandre III, trouvant peu de sûreté en Italie à cause des troubles occasionnés par l'anti-pape Octavien, se rendit à Paris. Il fit la dédicace de l'église; le grand autel fut consacré à la Sainte-Croix, à Saint-Étienne et à Saint-Vincent, et l'autel Matutinal, dédié à Saint-Germain.

Vers le même temps, l'Université intenta un procès aux religieux de Saint-Germain. Un pré, voisin de l'abbaye, avait pris la dénomination de *Pré-aux-Clercs*, parce que les écoliers de l'Université avaient depuis long-temps l'habitude d'aller s'y divertir les jours de congé. Ayant fait quelques dégâts, ils furent chassés et maltraités par les serviteurs de l'abbaye; c'est là ce qui devint la cause apparente du procès et des plaintes que l'Université adressa au pape.

Mais les élèves ne devaient pas se borner à ces seuls désordres; ils eurent par la suite les plus sanglans démêlés avec les habitans du faubourg Saint-Germain. En 1230, tumulte au faubourg Saint-Marceau; rixe violente avec les archers; départ des professeurs et des élèves pour Angers, Orléans et Toulouse; plus tard, nouvelle affaire à peu près semblable, dans laquelle l'abbaye eut le désavantage et fut réduite à vendre son argenterie pour payer l'Université. En 1443, quatrième procès, au sujet de la haute justice que l'abbaye exerçait sur le Pré-aux-Clercs.

Mais en 1548, les disputes et les séditions des écoliers devenant plus violentes qu'elles n'avaient été jusqu'alors, le parlement informa contre les coupables, et l'un d'entre eux fut condamné à mort. Cet arrêt fit cesser toutes les contestations et tous les débats entre l'abbaye et l'Université.

Dès la fin du douzième siècle, vers l'an 1188, l'abbaye avait cédé, pour les nouvelles fortifications de Paris, une grande partie des terrains sur lesquels passaient les murs et les fossés de sa vaste enceinte.

Philippe-Auguste, roi de France, et Henry, roi d'Angleterre, s'étaient unis pour faire la guerre;

[1] On a une histoire du siège de Paris, écrite dans ce temps par un religieux de l'abbaye, nommé Abbon, qui nous a aussi laissé plusieurs sermons.

chacun se préparait pour le voyage de Jérusalem, et le roi, voulant laisser la capitale en sûreté, ordonna de fortifier Paris; cet ouvrage dura vingt années pour la construction des tours et des murailles.

Il paraîtrait que les bâtimens de l'abbaye avaient beaucoup souffert de tant de changemens, car, en 1239, Simon, abbé de Saint-Germain, fit exécuter des améliorations importantes, dont Pierre de Montreuil, ou de Montereau, fut l'architecte. On fit un réfectoire qui passait pour un des plus beaux ouvrages de l'architecture gothique; il avait cent quinze pieds de long sur trente-deux de large et quarante-sept de hauteur; la chaire du lecteur était un chef-d'œuvre de délicatesse et d'ornemens; les vitraux étaient peints, et à la porte, se voyait une statue en pierre représentant Childebert. Montreuil mit cinq ans à la construction de ce magnifique réfectoire, dont on voit encore quelques restes dans les maisons voisines de l'église.

L'abbé Simon répara encore une fois les murailles de l'abbaye et construisit une vaste chapelle où fut enterré Pierre de Montreuil, mort en 1266. Quelques années après, l'abbé Gérard éleva le nouveau dortoir, bel édifice gothique, orné de pavés en terre cuite et de vitraux coloriés. Près de là était le parloir, remarquable par la légèreté de sa construction; une seule colonne de treize pouces de diamètre en soutenait la voûte, longue de trente-trois pieds et large de vingt-neuf.

Le roi Charles V ayant déclaré la guerre à l'Angleterre en 1368, on fortifia toutes les places par où l'ennemi aurait pu entrer en France; il fut arrêté que la ville de Paris serait mise en sûreté par de nouvelles fortifications. L'abbaye Saint-Germain fut donc encore une fois entourée de nouveaux ouvrages, ce qui ne l'empêcha pas d'être pillée, en 1382, par la populace de Paris, dans une sédition qui eut lieu au sujet des impôts; mais peu de temps après l'abbé Guillaume refit la châsse de saint Germain et le retable du grand autel, qui furent ornés de pierres précieuses et de sculptures en argent et en or.

En 1561 les mouvemens que faisaient les huguenots contre les catholiques obligèrent le roi Charles IX, pour se mettre en sûreté, à se retirer dans l'abbaye avec toute sa cour.

L'année 1589 fut fatale à la France par les guerres civiles et par la révolte des Parisiens contre le roi. Henri IV était devant Paris avec son armée; l'abbaye, qui était bien fortifiée, avait une garnison considérable; mais ayant été forcée de se rendre, elle capitula. Henri entra dans le monastère, et, accompagné d'un religieux seulement, il monta à la grosse tour, celle qui existe maintenant, pour y considérer la ville. Il fit ensuite le tour du cloître, sans entrer dans l'église, et se retira sans proférer une parole. Le jour suivant les soldats qui étaient entrés avec le roi furent obligés de se retirer, car les Parisiens y mirent pour la seconde fois une garnison, sous le commandement d'un Italien nommé Marc-Antoine; mais comme il manquait de vivres et de munitions, il fut bientôt forcé de capituler. Pendant ce temps, l'armée qui bloquait Paris s'empara de tous les faubourgs, et les Parisiens furent réduits à la dernière extrémité.

Mais le roi ayant levé le siége de Paris, pour aller à Meaux combattre les princes ligués, les habitans eurent quelque repos.

Cependant, les ligueurs et les royalistes avaient tenu plusieurs conférences, sans rien conclure de favorable à la paix et à la tranquillité publique; les états-généraux s'assemblaient à Paris pour élire un roi catholique, et l'évêque de Bourges donnait l'assurance de la conversion de Henri IV. En effet, après s'être fait instruire dans la foi catholique, le roi abjurait son hérésie, le 25 juillet 1592, dans l'abbaye de Saint-Denis. Deux ans après, Paris se rendait sous l'obéissance du roi, et Henri y faisait son entrée, le 22 mars 1594, à six heures du matin, au milieu des acclamations du peuple.

A cette époque il y avait aussi un tiers-parti, dont le cardinal de Bourbon était le chef. Il avait l'ambition d'être roi, si Henri mourait sans enfant; mais il mourut lui-même de chagrin pour n'avoir pu réussir; il fut enterré avec beaucoup de pompe dans l'église de l'Abbaye.

Après la mort de Henri IV, Louis XIII étant monté sur le trône, Marie de Médicis fit bâtir le palais du Luxembourg qui devait porter le nom de la reine douairière. Il fut construit sur les dessins de Jacques Debrosse, en 1620. La chapelle étant terminée, la reine envoya demander au prieur de Saint-Germain la permission de la faire bénir afin d'y entendre la messe.

C'est à Marie de Médicis qu'on doit en France l'institution des frères de la charité, qui avait pour but le soin des pauvres malades dans les hôpitaux. La reine fit venir à cet effet cinq religieux de l'Italie; elle leur acheta une maison dans l'emplacement appelé depuis les *Petits-Augustins*; mais par la suite ils s'établirent près de l'abbaye, et Marie de Médicis posa la première pierre de leur église.

En 1631 il se fit une réforme dans l'ordre des religieux, et il n'est pas inutile d'indiquer à ce sujet que le général de la congrégation de Saint-Maur établit des cours de philosophie et de théologie dans différens monastères. Il y plaça des professeurs pour enseigner la langue hébraïque et la langue grecque; il fit rechercher et collationner les anciens manuscrits des Pères de l'Église qui se trouvaient dans diverses bibliothèques, et l'on en donna alors des éditions plus correctes.

Quelques années après on restaura la bibliothèque et les murs du cloître; mais la réparation la plus importante fut celle que nécessita, vers 1646, la réédification presque entière de l'église. Malgré toutes les restaurations qu'elle avait déjà subies, la voûte de la croisée menaçait ruine, la nef était sans voûte et couverte en tuiles, les piliers sans sculpture et sans ornemens. Les murs furent entièrement rebâtis en pierre, ainsi que le portail méridional, et ces travaux s'achevaient sous la direction ou d'après les dessins de Christophe Gomard, de Louis Leveau, de Daniel Gitard, de Servandoni et de Chalgrin, qui en furent successivement les architectes.

En 1669, Jean Casimir, roi de Pologne et de Suède, fut élu abbé de Saint-Germain, et enfin le cardinal de Furstemberg, prince et évêque de Strasbourg, devint abbé de Saint-Germain en 1691. C'est alors qu'il s'opéra de grands changemens dans le palais abbatial, que des marbres nouveaux, des bronzes artistement ciselés et des tableaux vinrent encore embellir l'intérieur de l'église; c'est alors que la bibliothèque s'enrichit de manuscrits curieux, et que le trésor, où l'on conservait les reliques, s'accrut encore d'un grand nombre d'objets précieux en pierreries, en or et en argent... Mais tout a été anéanti par la révolution; le feu dévora même la belle bibliothèque; les terrains de l'abbaye furent vendus par lots et divisés par des rues; il ne resta plus que l'église nue, profanée, dépouillée de tout ce qu'elle avait eu de précieux.

Les nombreux tombeaux de beaucoup d'hommes célèbres ont disparu avec ceux des rois et des reines qui ornaient le sanctuaire; tous ces monumens furent violés, fouillés, pillés.

Ainsi, ce que les temps, les guerres civiles, les incendies, l'invasion des Barbares n'avaient pu détruire dans l'espace de douze siècles; les inscriptions, les bas-reliefs, les statues que la reconnaissance avait érigés aux hommes savans comme aux princes qui les protégèrent, tout fut détruit en peu d'instans à cette époque si remarquable et si désastreuse pour la France!

L'église même, déserte et abandonnée, tombait en ruines, lorsqu'en 18.. Napoléon la rendit au culte catholique; on y fit quelques réparations, mais la plus importante fut celle qui s'exécuta en 1820.

L'église avait été transformée, vers 1794, en atelier pour la fabrication du salpêtre. Ce salpêtre, amoncelé le long des murs et des piliers de la nef, avait tellement endommagé toutes les assises inférieures de ces mêmes piliers qu'en 1819 il se manifesta des signes inquiétans d'une destruction totale, fatale même pour les maisons voisines. Les voûtes se lézardaient; des feuilles de papier collées sur les lézardes se trouvaient déchirées le lendemain; il ne fallait pas perdre un instant; attendre eût rendu le travail impossible; les voûtes, les arcades et les piliers des deux clochers furent promptement étayés.

M. le comte de Chabrol, alors préfet de la Seine, confia cet important et dangereux travail à M. Godde, architecte, qui refit les piliers et les murs de la nef jusqu'au-dessous de la fondation, en maintenant en l'air, sur de fortes charpentes, la voûte et les arcades. Les chapiteaux, les bases et tous les ornemens furent refaits avec la plus grande exactitude, d'après les modèles qu'on avait eu soin de conserver. Dans cette ingénieuse restauration, qui ne change rien au caractère de l'ancienne église, on n'aura à regretter que les deux tours; mais il paraît qu'ayant jugé impossible de les réparer, on prit la résolution de les démolir entièrement, dans l'espoir de les reconstruire un jour telles qu'elles avaient été.

Après cette restauration de l'église, on lui restitua quelques monumens sauvés par M. Lenoir, et placés à son musée des Petits-Augustins; enfin les cendres de Boileau, de Descartes, de Mabillon et de Montfaucon furent replacées dans des tombes au-dessous du dallage des chapelles du chœur.

Lors de l'arrivée du pape Pie VII à Paris, le Saint-Père bénit la première pierre de l'autel de la chapelle dédiée à la sainte Vierge, dont la statue en marbre blanc est un des meilleurs ouvrages de M. Dupaty.

Nous citerons, pour terminer cette notice, et comme l'un des derniers ouvrages exécutés dans l'église de Saint-Germain, la chaire, remarquable par son ingénieuse conception; elle est entièrement de l'invention de M. Quatremère de Quincy, qui a bien voulu en faire les modèles et qui a suivi l'exécution de la sculpture, art dont la théorie et la pratique lui sont si familières.

Saint-Germain-des-Prés est maintenant l'une des douze paroisses de Paris.

Huyot.

CLOCHER DE L'ABBAYE S. GERMAIN DES PRÈS

CHŒUR DE ST-GERMAIN DES PRÉS.

LA SAINTE-CHAPELLE.

Le plus grand de nos rois, le plus pieux des chrétiens, le neuvième monarque de la race d'Hugues Capet, saint Louis, fils de Blanche, éleva vers l'année 1248 ce beau monument, qui devait recevoir la couronne d'épines de Jésus Notre-Seigneur.

De la plus élégante architecture byzantine cette église excita par sa forme extérieure, ses sculptures et ses ornemens une vive admiration.

Dans l'intérieur étincelle un magnifique vitrage composé d'une longue suite de médaillons nuancés des plus riches teintes. Il enveloppe les deux roses et tout le tour de la nef comme un réseau transparent. Au milieu de ces mailles brillantes l'œil éprouve quelque peine à distinguer les sujets représentés dans les divers médaillons. Les dessinateurs et les peintres de ce bel ouvrage ont puisé leurs inspirations dans les livres de l'Ancien et du Nouveau-Testament. Au-dessous de ces hautes et larges croisées règne une plinthe qu'un ancien auteur rapporte avoir vu ornée *de peintures d'émail et de crystal reposantes sur petites colonnes d'une pièce, servantes d'ornemens ;* au-dessus de cette plinthe montent de longues et délicates colonnettes qui séparent seules le vitrage et soutiennent les arceaux de la voûte, autrefois entièrement peinte d'azur et d'or. Cette voûte d'une hardiesse presque inexplicable s'élance, s'abaisse, se relève encore, sans aucun autre soutien. Aussi, disent les anciens auteurs, quand les cloches étaient en branle pour annoncer à la grande ville quelque fête, la flèche aiguë qui montait dans les airs et l'édifice tout entier semblait remuer. Entre les arceaux de cette voûte si hardie on voit encore un grand nombre de trous destinés à recevoir les chaînes des lampes qui se balançaient lumineuses en ces jours solennels. Au fond du sanctuaire, derrière l'autel, sur une estrade carrée, élevée de plusieurs degrés, il y avait une grande châsse en bronze doré; elle avait la forme d'une arche; six serrures différentes en fermaient les portes extérieures et quatre autres clefs les battans du treillis intérieur où étaient déposées les saintes reliques contenues dans des vases et des tableaux de cristal.

Devant la châsse une crosse en orfévrerie soutenait un ostensoir dans lequel était élevé et suspendu un ciboire d'or où reposait la divine Eucharistie. Cet antique usage de la primitive église, dont parle spécialement le cinquième concile général de Constantinople, avait été conservé dans la Sainte-Chapelle.

LA SAINTE COURONNE.

Asile de toutes les infortunes, la France vit en l'année 1238 l'empereur Baudouin venir chercher une espérance au pied du trône de saint Louis.

Alors l'empire des Latins s'ébranlait de toutes parts; Constantinople était assiégé par les Barbares et leurs flottes audacieuses pénétraient presque jusqu'au cœur de la ville.

Chaque journée apportait à Baudouin le récit de nouveaux désastres, la crainte de nouvelles défaites. Certain que les barons de l'empire seraient forcés d'engager les reliques de la chapelle des empereurs, il se présenta devant saint Louis. — Vous êtes mon parent, mon ami, dit-il; c'est pourquoi je désire ardemment faire remettre entre vos mains le plus riche des trésors! La France est ma patrie, qu'elle reçoive donc par moi la couronne d'épines de Jésus-Christ et que je n'aie pas la douleur de la voir passer à des étrangers!....

Ravi de joie, saint Louis envoya des ambassadeurs à Constantinople pour réclamer la sainte couronne, mais déjà elle avait été remise aux mains des Vénitiens. Impatiens de l'acquérir, ils s'étaient hâtés de prêter sur ce précieux gage des sommes considérables avec la condition qu'il serait transporté à Venise, et que si, dans un délai très court, l'argent n'était pas rendu, la sainte couronne leur appartiendrait sans retour.

Les Vénitiens refusèrent donc de la rendre aux envoyés de saint Louis; ils se hâtèrent de partir. Leurs vaisseaux triomphans fendirent dans la plus mauvaise saison de l'année les flots d'une mer obéissante, suivis par les ambassadeurs de France et par les principaux citoyens de Constantinople, qui voulurent accompagner d'un dernier hommage le monument vénérable des traditions chrétiennes.

A Venise la sainte couronne fut portée en grande pompe dans la chapelle de Saint-Marc. Alors dans tout l'éclat de sa puissance, le doge, après l'avoir honorée, la remit avec regret entre les mains des Français qui livrèrent joyeusement en retour les sacs d'or qu'ils avaient rassemblés pour posséder la frêle et muette dépouille de celui qui fut vendu trente pièces d'argent.

Ainsi en ces jours l'Orient céda à l'Occident ce diadème de cruauté et d'ironie dont la main impie des soldats du Calvaire tressa les épines et ceignit la tête du Sauveur!.... En ces jours l'éclat de la croix brilla d'un bout de l'univers et tous les peuples de la terre se prosternèrent pour l'adorer.

Aussitôt que la sainte couronne fut arrivée dans la ville de Troyes, les ambassadeurs s'empressèrent de prévenir le roi. Saint Louis partit immédiatement avec la reine sa femme et les princes ses frères. Ils rencontrèrent la sainte couronne à cinq lieues de Sens; on ouvrit la cassette d'or qui la renfermait en présence de ces augustes personnes. A cette vue elles fondirent toutes en larmes et firent éclater les marques de la plus vive pitié; le lendemain le roi et Robert d'Artois, son frère, entrèrent dans la ville de Sens, portant sur leurs épaules la châsse qui renfermait la sainte couronne. On lit dans la relation que Gaultier, archevêque de Sens, écrivit par ordre de saint Louis: que le roi et son frère étaient vêtus l'un et l'autre, pour cette pieuse cérémonie, d'une robe de laine unie et qu'ils marchaient pieds nus.

Huit jours plus tard la sainte couronne arriva sous les murs de Paris; le peuple enivré de joie se précipita en foule hors des portes pour la recevoir. On la lui montra d'abord à l'église de Saint-Antoine, puis on la porta dans la cathédrale et ensuite elle fut déposée dans la chapelle du Palais. Saint Louis alors commença pour la recevoir plus dignement le monument dont nous venons de faire la description.

Avec la sainte couronne d'épines, l'église de France reçut encore diverses autres reliques ; dans la lettre de donation de Baudouin on en trouve le détail. Écrite sur peau, datée de Saint-Germain-en-Laye, environnée de lacs de soie, scellée du sceau de l'empereur et signée en grec avec du cinabre, cette lettre, que l'on conservait autrefois dans le trésor de la Sainte-Chapelle, existe encore ; elle est maintenant dans les archives de l'État.

Après les premières formules, on y trouve que Baudouin cède et donne, outre la sainte couronne d'épines, deux parties de la vraie croix ; l'une renfermée dans un étui de vermeil, au fond duquel sainte Hélène et l'empereur Constantin sont représentés debout au pied de la croix ; l'autre, nommée Croix de victoire, parce que les empereurs avaient coutume de la porter dans les combats ; ensuite un morceau du manteau de pourpre dont les soldats revêtirent Jésus après l'avoir flagellé ; un fragment du roseau qu'ils lui mirent entre les mains et avec lequel ils lui frappaient la tête ; une portion de l'éponge qu'ils remplirent de fiel pour lui présenter à boire ; les clous dont ils lui percèrent les pieds et les mains ; le fer de lance avec lequel ils ouvrirent son côté ; le titre de la croix, une partie du suaire que les saintes femmes trouvèrent après la résurrection dans le sépulcre ; enfin du voile et des cheveux de la Sainte-Vierge. Quelques auteurs parlent aussi d'un vaisseau contenant *de lacte Beatæ matris Mariæ*, et font des remarques critiques sur cette relique. Pour nous, nous pensons qu'il faut entendre par ce terme et comprendre sous ce nom une substance quelconque qui avait ou que l'on croyait avoir touché le corps très pur de la Vierge sainte, substance qui aura été conservée en souvenir d'elle ; peut-être était-ce une partie du parfum qui, selon la coutume des Juifs, avait servi à sa sépulture. Quel ne dut pas être en effet le respect, l'attendrissement avec lequel les disciples environnèrent le lit de mort de Marie ! avec quelle douleur et quel amour saint Jean, le disciple que Jésus aimait, parce qu'il était pur, ne dut-il pas recueillir et partager entre les premiers chrétiens tout ce qui pouvait rappeler Marie ! lui qui avait entendu descendre du haut de la croix ces douces paroles : Femme, voici votre fils, et vous, Jean, voici votre mère !... Ne vous étonnez pas, lecteur, si dans un ouvrage de science je vous rappelle Marie, car mon cœur l'aime et toutes les puissances de mon âme la révèrent. Pourquoi me demanderiez-vous une parole si vous vouliez m'interdire un souvenir ! Vous aussi, orphelin, peut-être vous avez une mère dans les cieux ! une mère qui ne saurait vous oublier... Espérez donc en elle, car toutes les générations l'ont bénie.... Et l'on n'entendra jamais dire de moi, s'écrie même un chef de la réforme, que je sois contraire à Marie, car je pense que c'est la marque assurée d'une âme reprouvée que de ne sentir pour elle aucun amour, ni aucune reconnaissance.

Parmi les pères de l'Église et parmi les savans, il y a eu diverses recherches doctes et pieuses sur la nature de la sainte couronne et sur celle du bois de la croix.

Plusieurs naturalistes pensent que la couronne d'épines fut formée avec les branches épineuses d'un arbuste qui croît en abondance dans les environs de Jérusalem ; cet arbuste est une espèce de prunier sauvage (*rhamnus*) ; d'autres croient au contraire qu'elle était faite de cette sorte de jonc marin dont la tige se termine en pointe (*juncus acutus*). Ce qu'il y a de certain, c'est qu'un grand nombre d'épines en furent détachées et envoyées à diverses églises de France, d'Espagne et d'Allemagne qui les conservent encore avec vénération. Quant à la nature du bois de la croix, plusieurs passages des Pères grecs et latins nous apprennent que la croix fut faite de plusieurs bois différens. Anastase le Sinaïte, qui écrivit au sixième siècle dans le pays même où la croix avait été découverte, après l'avoir considérée de ses propres yeux, dit dans son ouvrage des six jours que Jésus-Christ s'est couché et s'est endormi sur une croix composée de trois sortes d'arbres.

Il y avait encore dans la Sainte-Chapelle une multitude de reliquaires précieux par la forme, la matière, les ciselures, les perles, les pierreries et l'art divin des ouvriers du moyen-âge. Dans le trésor on conservait des manuscrits ornés de toutes sortes de peintures et de dorures. Tous nos rois se plurent à embellir la Sainte-Chapelle et à ajouter de nouveaux dons et de nouvelles fondations à celles de leurs ancêtres. Les uns y établirent des chantreries, les autres y firent dire chaque jour des prières pour les morts. Le vendredi-saint, vêtus des insignes royaux, ils venaient eux-mêmes à la Sainte-Chapelle présenter la croix aux adorations du peuple. En ce jour, le plus pauvre des Français recevait sur ses lèvres, de la main de son prince, le signe du salut de tous, du salut du dernier comme du premier, du faible comme du fort, de l'enfant que la crèche a nourri et qui ne peut nommer son père comme de celui dont le berceau compte de nombreux et illustres aïeux!.... Véritable égalité du sanctuaire, échange d'amour, de déférence, de soins et de devoirs que la philosophie stérile et creuse de nos jours s'efforce en vain de remplacer par des déclamations et par la haine de toute supériorité! Mais vous demandez la Sainte-Chapelle, vos pieds s'avancent déjà pour vous y porter, vous cherchez des yeux du cœur tant de foi, d'art, de magnificence, d'émotions nobles et grandes. Allez!.... vous trouverez des murs dévastés, des peintures éteintes!.... Dans le dernier siècle, quand la révolution de 93 eut ébranlé l'ordre social jusque dans ses fondemens et dépouillé la France des souvenirs de huit cents années de gloire; quand, au pied de l'échafaud du descendant de saint Louis, vinrent s'amonceler les troncs palpitans des jeunes vierges, les têtes des vieillards, les membres des hommes; quand les fleuves roulèrent du sang et des cadavres jusque par-dessus les bords, et que notre patrie ne fut plus couverte que de ruines et de décombres, la Chapelle des vieux temps de la monarchie pouvait-elle subsister!.... Une horde sans nom, comme sans vêtemens, brisa les portes, arracha l'autel, souilla le sanctuaire et combla le parvis sacré de la vile nourriture réservée aux bêtes de somme.

En ces jours de deuil quelques-uns cependant pleurèrent sur la patrie; ils recueillirent en silence dans leur sein les morceaux de la croix de Jésus-Christ, les débris de la sainte couronne; ils laissèrent aux mains des massacreurs de septembre l'or, l'argent et ces trésors que la rouille et les vers rongent; mais, avec courage, ils sauvèrent le souvenir et l'espérance de ces biens qui ne périront jamais.

Princesse de CRAON.

LA SAINTE CHAPELLE.

LA St GENEVIÈVE.

(Détail)

SAINT-GERMAIN-L'AUXERROIS.

Si l'antiquité des monumens les rend vénérables, n'acquièrent-ils pas un caractère encore plus auguste lorsque, consacrés à la divinité, ils se lient à l'histoire des hommes et aux premières annales d'une monarchie qu'illustrèrent pendant quatorze cents ans tant d'époques glorieuses? A ces titres il est peu d'édifices, parmi ceux qui nous restent, en petit nombre, de l'ancien Paris, qui méritent autant de fixer l'attention et d'exciter les regrets que ce Saint-Germain si respecté autrefois, aujourd'hui si délaissé, dépouillé de ses pompes royales et abandonné dans sa vieillesse, après une jeunesse brillante, à supporter sans secours les ravages et les insultes du temps et des hommes. Le silence règne sous ses voûtes solitaires, la prière en est exilée, le chant des fidèles et l'harmonie d'une musique pieuse ne s'élèvent plus vers le ciel pour implorer de Dieu le bonheur de la France. Plus d'encens, plus de parfums célestes; l'odeur humide des cavernes les a remplacés; on n'y entend que les lugubres cris des oiseaux funèbres. Ils s'en sont emparés comme d'un vaste tombeau; les vitraux brisés leur ouvrent un libre passage. L'araignée souille, sans crainte, de ses réseaux les autels et les monumens des arts, et les eaux du ciel, les vents, se frayant un chemin à travers les crevasses des murs, en emportent sans cesse quelques débris et les menacent d'une prompte ruine. Tel est l'état de Saint-Germain. C'est celui d'un accusé, jugé, condamné, exécuté sans qu'on ait daigné l'entendre..... Et pour quel crime?... Pour des regrets et pour des larmes!.....

La fondation de cette église, s'enfonçant dans la nuit de notre histoire la plus reculée, se rattache au berceau de notre antique France et à l'enfance de cette Lutèce, si petite alors et si vaste aujourd'hui. Aux souvenirs que réveille cette basilique se mêlent de grands faits d'armes, car plus d'une fois des cris de guerre et le tumulte des combats ébranlèrent ses murailles et s'y confondirent avec les prières et les chants adressés à l'Éternel. Peut-être, il est vrai, existe-t-il à peine quelques pierres du premier monument; mais le vaisseau qui, long-temps affrontant l'Océan, brava les tempêtes et les combats, conserve et son nom et le respect des marins tant qu'il lui reste une planche de sa première charpente; quelques parties de Saint-Germain datent peut-être de son origine, et elles pourront encore redire aux races futures et ses temps de prospérité et ceux de ses désastres; de tels souvenirs, plus précieux, plus durables que des pierres, passent mieux à la postérité.

Vers le milieu du quatrième siècle, lorsque la Gaule, encore romaine, n'avait pas été envahie et divisée par les Francs et d'autres peuples de Germanie, Lutèce, dont l'empereur Julien II faisait ses délices en 358, était circonscrite dans l'île de la Cité. La campagne y communiquait par deux ponts munis à leurs extrémités de très fortes tours, dont l'une, celle du Grand-Châtelet, a passé pour un ouvrage de Jules-César. Les rives de la Seine, couvertes au loin de forêts, n'offraient, çà et là, que quelques villages dans les parties qu'elles laissaient libres, et qu'agrandissait chaque jour l'agriculture. La Gaule étant devenue chrétienne, des églises s'élevèrent; les demeures des fidèles, se multipliant, se groupèrent autour de celles de Dieu; les bois disparaissaient et les champs s'accroissaient. On bâtit hors de Paris quatre grandes églises ou basiliques. Il paraît que Saint-Germain fut la plus ancienne de ces basiliques, et le premier rang qu'après la cathédrale elle occupa pendant plusieurs siècles, ses vastes possessions sur la rive droite de la Seine en seraient des preuves; mais on ignore à quelle époque elle fut fondée et même le saint sous l'invocation duquel elle l'avait été. L'opinion qui attribuait sa fondation à Childebert et à sa femme Ultrogôthe a depuis long-temps été réfutée, et il paraît plus probable qu'elle fut en partie bâtie, par Chilpéric Ier. On a dit aussi, sans en avoir aucune certitude, que ce ne fut d'abord qu'un oratoire bâti sur le chemin de Paris à Nanterre, à l'endroit où s'était arrêté saint Germain, évêque d'Auxerre[1], aux vertus duquel, dans plusieurs pays, cet hommage avait été rendu, lors de ses deux voyages dans les Iles Britanniques, où il avait été appelé pour apaiser les troubles de l'Église, et quand, en 447, il alla sauver, par son crédit, son éloquence et son courage, des vengeances d'Aétius, général de l'empereur Valentinien, l'Armorique (la Bretagne) révoltée, et que les Alains allaient mettre à feu et à sang. Il est à croire que Germain avait répandu ses bienfaits parmi les malheureux des environs de Paris, comme depuis tant d'années il soulageait ceux d'Auxerre, sa patrie, par ses conseils, ses exemples et le peu qui lui restait d'une grande fortune qu'il avait consacrée aux pauvres. Pendant sa jeunesse Germain, d'une grande famille d'Auxerre, fils de Rusticus et de Germanilla, s'était livré aux plaisirs et à sa passion effrénée pour la chasse; mais il avait le cœur grand, l'ame élevée, généreuse, l'esprit très orné, et il passait pour un des plus grands orateurs de son temps. Nommé duc ou gouverneur d'Auxerre par l'empereur Honorius, son administration fut heureuse, et plus d'une fois il montra sa bravoure à la tête des troupes contre les incursions des Barbares. Bientôt, sur les avis d'Amatre, évêque d'Auxerre, oubliant la chasse et les plaisirs, Germain ne s'occupa plus que de bonnes œuvres. Il entra dans les ordres, et, après la mort de saint Amatre, la vénération et l'amour du peuple pour son ancien duc le forcèrent à remplacer le saint évêque sur le siège d'Auxerre. Il est inutile de suivre le cours de la longue et vertueuse carrière de Germain; nous le verrions vénéré de l'empereur Valentinien III, de l'impératrice Placidie et de toute leur cour de Ravenne, où ce grand homme, avancé en âge, manquant souvent du nécessaire, bravant toutes les incommodités d'un long et pénible voyage, s'était transporté pour implorer de l'empereur le pardon des Bretons. Sa charité et son dévouement étaient universels et ne connaissaient pas les distances, car ces peuples et les habitans des Iles Britanniques n'étaient pas de ceux qu'on avait confiés à ses soins. Il mourut à Ravenne, et son corps en fut rapporté à Auxerre, comme en triomphe, par de nombreuses populations.

Il faut que la réputation des vertus et des services de Germain eût jeté un grand éclat pour que long-temps après sa mort, on mît tant de prix, à Paris, à posséder quelques parties de ses restes mortels. L'église de Saint-Germain-des-Prés, bâtie en 542, sous Childebert, par saint Germain, évêque de Paris, avait quelques lambeaux des vêtemens de saint Germain d'Auxerre; on les obtint avec peine, et ils furent, en 754, consacrés par le roi Pépin dans l'église qui, quelque temps après, reçut le nom de Saint-Germain, auquel cependant on ne donna pas encore le surnom d'*Auxerrois*. Cette église ne s'appelait encore alors et long-temps après que Saint-Germain-le-Rond, nom qui lui vint de ce qu'elle était en rotonde ou de ce qu'on l'avait flanquée de hautes tours. Ce n'était pas simplement une église, mais un fort qui y était joint défendait les approches de Paris le long des bords de la Seine. Cette basilique avait de grandes possessions, fruit des dons qui lui avaient été faits. Si elle défendait Paris, elle se servait aussi de ses richesses pour y répandre l'instruction; elle entretenait un grand nombre d'écoliers. Ce fut la première école de Paris et le germe qui produisit l'Université; ce souvenir s'est conservé dans le quai et la place de l'École. Il en est question dans Grégoire de Tours.

Les Normands et les Danois, bravant la puissance de Charlemagne, avaient, en 807, infesté les côtes de France; en 845, 857, 861, sous Charles-le-Chauve, ils pénétrèrent dans Paris, le

[1] IN-4° à 444.

pillèrent, brûlèrent les églises de Saint-Germain-des-Prés, de Sainte-Geneviève, rompirent le grand pont (le Pont-au-Change) qui, par le peu de largeur de ses arches, s'opposait au passage de leurs barques pour remonter la Seine. Ce pont, important pour la sûreté des contrées au-dessus de Paris, fut reconstruit et fortifié par Charles-le-Chauve. Les Normands, en 885, 887, commandés par Sigefride, revinrent venger la mort de leur roi assassiné par les ordres de Charles-le-Gros. Ils mirent le siége devant Paris, qui refusait le passage à leurs hordes innombrables. Leurs troupes couvraient le pays sur les rives de la Seine qui, pendant deux lieues, disparaissait sous la multitude de leurs barques. Le fort de Saint-Germain-le-Rond se trouvait le premier exposé à la fureur de ces Barbares; c'étaient les ouvrages avancés de Paris; il fallait les emporter, et ce n'était qu'en passant sur leurs ruines que les ennemis pouvaient, sur cette rive, attaquer les murailles de la Cité. Plusieurs combats sanglans s'engagèrent. Les Normands attaquaient avec fureur; les Parisiens défendaient, avec des forces très inférieures, ces tours si importantes pour l'attaque et la défense de Paris. Prises et reprises, croulant en partie sous le fer et le feu des assiégeans, relevées par le courage opiniâtre des assiégés, elles avaient vu périr à leurs pieds la foule de leurs plus braves guerriers et de leurs ennemis les plus acharnés; le plomb fondu, la poix, l'huile bouillante se précipitaient par torrens sur les assiégeans. La grande tour, qu'ils étaient parvenus à embraser, offrait une fournaise dévorante. Les femmes des Normands et des Danois, échevelées, couvertes de sang, tenant entre leurs bras leurs enfans à demi brûlés, poussaient leurs maris, leurs fils au combat, et leur hurlaient sans cesse : « Lâches! en avant; vous êtes indignes de vivre si vous ne pouvez vous emparer de ce mauvais four ! » Eudes, comte de Paris et depuis roi, l'intrépide évêque Goslin, son neveu, l'abbé Ebbles se distinguaient parmi les plus braves et semblaient se multiplier par des prodiges de valeur et d'audace dont Abbon, témoin oculaire de ce siége, nous a laissé une effrayante description dans son inintelligible poème[1]. Enfin, tant de sublimes efforts durent céder à ceux des Normands, dont les troupes s'augmentaient sans cesse de celles que faisait accourir l'espoir du pillage. Le fort de Saint-Germain fut emporté, la tour renversée; les Normands se fortifièrent dans cet endroit et l'entourèrent d'un large fossé; ce qui les empêcha, pour le moment, de détruire l'église qui, souillée, profanée, devint une vaste étable ou un bosrab. Après bien des vicissitudes et des combats ils brûlèrent, à leur départ, cette basilique qui leur avait opposé tant de résistance et enlevé tant de guerriers, et qu'ils craignaient d'avoir encore à conquérir s'ils revenaient faire un nouveau siége de Paris.

Ce ne fut que cent ans après avoir été ruinée par les Normands que l'église de Saint-Germain-l'Auxerrois fut relevée par le roi Robert, qui rendit à son école tout son éclat; mais elle fut ensuite supprimée pour augmenter le dépôt de la navigation de la Seine. Il est bien à croire que l'on s'éloigna du plan et de l'architecture de ces premiers temps. Cette église fut encore détruite en partie et rebâtie sous Philippe-le-Bel, auquel on attribue le grand portail intérieur. Elle eut encore à souffrir, et Charles VII la répara; de lui sont le portique et les arcades de la façade qui n'a jamais été terminée, et la tour qui, dit-on, remonte au douzième siècle, aurait dû avoir son pendant. Ce n'est que de Charles VII que date, d'une manière assez positive, la plus ancienne chapelle de cette église; d'autres y ont été rajoutées ou refaites au dix-septième siècle. On y avait déployé, au seizième, beaucoup de recherche; les architectes et les sculpteurs, entre autres Pierre Lescot, Jean Goujon, s'empressèrent à l'envi d'embellir de leurs ouvrages une église qui servait de paroisse au Louvre, élevé ou embelli par leurs habiles mains. Saint-Germain fut toujours à juste titre la paroisse royale; c'était sur son terrain qu'avait été construit le château du

[1] Ce poème a été très bien traduit par M. Dereaims, aujourd'hui pair de France. On le trouve à la suite de Frodoard, dans la Collection des historiens de France, traduits sous la direction et avec des notes de M. Guizot. On peut voir un extrait des huit journées du siège dans le premier volume, page 246 et suiv., de mon *Musée de sculpture antique et moderne*.

Louvre qui, pendant long-temps, lui paya une redevance. Cependant, quelque droit qu'eut Saint-Germain de rester à la place qu'il avait si bien occupée pendant plusieurs siècles, si Louis XIV et Colbert eussent réalisé les vastes plans conçus par leur génie pour l'embellissement de Paris, et qui depuis n'ont été exécutés qu'en partie, ils auraient considérablement agrandi la place du Louvre du côté de la colonnade, et ils eussent percé jusqu'à la barrière du Trône cette immense rue dont on parle depuis quelques années, et qui, d'une grande beauté, aurait encore l'avantage d'assainir les quartiers qu'elle traverserait. L'église de Saint-Germain devait alors changer de place ; mais, transporté pierre à pierre, avec respect, ce vénérable monument eût été reconstruit à l'endroit où est l'Oratoire, qu'il aurait remplacé. A cette époque, il est vrai, cette église était entière ; à présent, dégradée par les tourmentes révolutionnaires, peut-être souffrirait-elle beaucoup de ce transport.

Parmi les grands sculpteurs qui décorèrent l'église des rois, on citait Germain Pilon, qui y fit le maître-autel, le jubé, détruit en 1745, et de très beaux ouvrages en bois, objets, pendant bien des années, de l'attention et des éloges des connaisseurs. On y voyait aussi des tableaux de Lebrun, de Coypel, de Jouvenet, de Bon-Boullongue, de Philippe de Champaigne et d'autres bons peintres. Ce n'était pas seulement comme paroisse royale que cette antique église se distinguait parmi toutes les autres, c'était pour ainsi dire le dernier terme des récompenses décernées aux hommes de lettres et aux artistes dont les talens avaient fait honneur à la France. Pendant leur vie ils avaient joui de l'honneur de partager avec les rois la demeure du Louvre ; à leur dernière heure brillait pour eux l'espoir que leur dépouille mortelle serait entourée d'honneurs, et que les regards du prince, à la bienveillance duquel ils avaient dû leur bien-être, les accompagneraient jusque sous les voûtes et dans les caveaux de cette église où leurs corps, reçus avec des hommages flatteurs, étaient conservés pour la postérité. Parmi les tombeaux qu'on allait visiter à Saint-Germain se distinguaient ceux de Pierre de Mornay, évêque d'Auxerre, chancelier de France en 1300 ; de deux chanceliers d'Aligre ; du chancelier de Bellièvre, de Pierre Séguin, de Guy Patin, de Denys Dodart, savans distingués. Les monumens consacrés aux artistes étaient les plus nombreux ; ils célébraient la mémoire de Jacques Stella, peintre habile ; d'Israël Sylvestre, à qui l'on doit tant de spirituelles gravures ; de Jean Varin, qui porta à un haut degré la gravure des médailles ; de Noël Coypel, un de nos bons peintres ; d'Antoine Coysevox, l'un de nos meilleurs sculpteurs ; de Leveau, de Dorbay, architectes qui firent de beaux travaux au Louvre. L'on y voyait encore les noms de beaucoup de nos artistes de talent ; c'étaient pour ainsi dire les archives d'une foule de familles qui se sont fait un nom dans les arts, et dont les tombes de Saint-Germain perpétuaient le souvenir. Jusques à quand laissera-t-on sans honneurs et sans culte cette vénérable église dont n'approcheraient qu'avec respect et crainte les ombres des anciens Normands ? Jusques à quand le vent, s'engouffrant à travers les vitraux brisés, attaquera-t-il ses voûtes ? N'entendra-t-on pas la voix de Malherbe, le père de la poésie française, qui, du fond de son tombeau dont on a troublé la paix, s'écrie avec douleur : « Ouvrez ces portiques, réparez ces murailles, relevez sur le faîte le signe sacré qui détruisit l'esclavage et civilisa le monde ; rendez à Dieu ses autels, aux morts leurs sépultures, ces honorables sépultures, le Saint-Denis du génie, de la probité et du talent ! »

Comte DE CLARAC.

HOTEL DE CLUNY.

L'hôtel de Cluny, élevé en 1490 sur les ruines d'une partie du palais des Thermes, palais fondé dans le quatrième siècle, conserve encore des traces de ces premières constructions. On reconnaît, surtout dans la petite cour, le travail de maçonnerie romaine à la superposition alternative de pierres carrées et de chaînes de briques de vingt-deux pouces, d'une dureté qui ne le cède qu'à celle du ciment employé à l'indissoluble union de ces matériaux.

Jacques d'Amboise, abbé de Cluny, septième des neuf fils de Pierre d'Amboise, seigneur de Chaumont, chambellan de Charles VII et de Louis XI, ayant reçu d'Angleterre, dit Pierre de Saint-Julien, cinquante mille angelots d'or provenant d'un prieuré, les employa, en 1490, à *l'édification et bâtiment de fond en cme de la magnifique maison de Cluny audit lieu jadis appelé le palais des Thermes.* Cette construction avait été commencée par Jean de Bourbon, abbé de Cluny, mais sa mort l'avait fait suspendre en 1485.

La famille d'Amboise jouissait dès lors d'une influence qui ne fit que s'accroître, lorsque George, puîné de Jacques, eut attaché sa fortune à celle du duc d'Orléans, depuis Louis XII. Ce prince lui donna en 1493 l'archevêché de Rouen. Il eut plus tard, en 1498, la direction de l'État, comme ministre et ami de son roi. Le goût des arts était commun aux deux frères : les immenses travaux exécutés par George à Gaillon et à Rouen sont connus, et l'hôtel de Cluny, dans des proportions plus circonscrites, atteste le goût de Jacques qui semblerait avoir voué son hôtel à son patron d'après le grand nombre de coquilles et de bourdons sculptés sur la façade.

Le changement de style que l'on remarque dans l'architecture de cet hôtel s'explique par les dates auxquelles paraissent remonter les diverses parties de sa construction. Jusqu'à la campagne d'Italie de 1495, d'où Charles VIII rapporta du moins, dit Comines, le goût des arts et l'idée des grandes constructions, la France était presque sans relations avec cette belle contrée, et cependant les arts y florissaient depuis près d'un siècle par les travaux successifs de Brunelleschi, Alberti, Bramante, Michel-Ange, etc.; les architectes de Jean de Bourbon et de Jacques d'Amboise ont commencé et poursuivi les premiers travaux, tels que ceux de la Chapelle haute et basse et les premières dispositions de la façade dans le style que nous nommons gothique; plus tard, lorsqu'aux résultats de la campagne de Naples vinrent se joindre, sous Louis XII, ceux de la conquête du Milanais, à laquelle George d'Amboise prit une si glorieuse part, la culture de nos arts, grace à cette double impulsion, prit une direction toute nouvelle dont l'achèvement des édifices en construction dut nécessairement se ressentir.

Joconde (Fra Jocondo), aussi savant antiquaire qu'habile architecte, appelé de Vérone en France par Louis XII, en 1499, construisait à Paris, vers 1500, le palais de l'ancienne Chambre des Comptes, et à Gaillon le château de George d'Amboise; les hautes et élégantes lucarnes du palais de la Chambre des Comptes, détruit par l'incendie de 1737, mais dont la gravure nous a conservé le trait, durent servir, sinon de modèle, du moins de type pour celles de l'hôtel de Cluny, qui partage seul avec le beau palais-de-justice de Rouen l'avantage d'avoir conservé des lucarnes d'un aussi beau caractère. On remarque encore le passage très prononcé d'un style à un autre dans la forme des balustres de la galerie qui couronne la muraille en avant des grands combles en ardoises. Les sculptures de la tour octogone et le beau couronnement de la porte, démolis il y a quinze ans, complétaient l'ensemble de cette riche décoration.

Ces différens styles se montrent encore d'une manière plus évidente dans les peintures sur pierre et sans apprêt qui ont été retrouvées presque intactes dans le sanctuaire de la Chapelle. Ce joli édifice est remarquable par sa voûte ogive ornée d'arêtes, de fleurons découpés et de cul-de-lampes, et par la sculpture de sa corniche et de ses portes. En rapprochant ces peintures de celles du même genre exécutées sous la direction d'un frère de Jacques, Louis d'Amboise, évêque d'Alby, dans la cathédrale de cette ville, on pourrait fixer vers 1505 l'époque où l'hôtel de Cluny devint habitable pour son nouveau propriétaire. D'après le récit de Piganiol de la Force, confirmé par des auteurs encore plus rapprochés de nous, la richesse du mobilier de l'hôtel égalait au moins celle de la sculpture extérieure. « Contre les murs de la chapelle, dit-il, « sont placées par groupes, en forme de mausolée, les figures de toute la famille de Jacques « d'Amboise (et ils étaient dix-sept enfans), et celle du cardinal, la plupart à genoux, avec les « habillemens de leur siècle, très singuliers et bien sculptés. » Plus, dans le sanctuaire, un groupe religieux de quatre figures de grandeur naturelle, etc. Si ces figures étaient de Paul Ponce, auteur du beau mausolée de Louis XII, supposition fondée sur ce que cet artiste prenait le titre de sculpteur particulier de George d'Amboise, leur enlévement sans destination connue ou leur destruction, que M. de Saint-Victor attribue à nos iconoclastes de 1793, seraient doublement à regretter.

Jacques quitta la direction de l'abbaye de Cluny pour l'évêché de Clermont, où il mourut en 1517, et son bel hôtel ne tarda pas, ainsi que nous le dirons plus bas, à recevoir diverses destinations. Le nom de chambre de la Reine Blanche[1], conservée à la grande pièce contiguë à la chapelle, semble annoncer que cet hôtel avait été mis à la disposition de la couronne.

Ce fut dans cette retraite que la séduisante Marie d'Angleterre, après la mort du roi son époux, fut surprise en tête à tête avec Charles Brandon, duc de Suffolk, ambassadeur de son frère Henri VIII, et perdit par cette légèreté l'espoir qu'elle nourrissait encore de conserver, comme régente, son autorité sur la France. Le duc de Valois, depuis François Ier, instruit de cette intimité, vint lui-même s'assurer de la vérité, et, profitant du voisinage de la chapelle, la força à un mariage impromptu, qui bientôt la conduisit en Angleterre.

Rabelais, dont le premier livre fut publié en 1530, parle de l'hôtel de Cluny où il suppose qu'était logé Thaumaste, ce savant clerc venu d'Angleterre pour arguer par gestes avec Pantagruel; cette fiction de Rabelais, qui ne semble entraîner aucune allusion à la famille d'Amboise, paraît seulement indiquer que cet hôtel était alors une habitation disponible, une auberge peut-être. C'est en 1565 que l'hôtel de Cluny reparaît de nouveau dans l'histoire. Attaqué dans son entrée triomphale au retour du concile de Trente par les hommes d'armes du gouverneur de Paris, ennemi de sa maison, et comme contrevenant par son escorte à l'édit de Charles IX, le cardinal de Lorraine, culbuté de son palefroy, fut réduit à se traîner avec son frère et son neveu, des ruisseaux de la rue Saint-Denis, sous le lit de la servante d'un épicier de

---

[1] On sait que nos reines portaient le deuil en blanc et que cette qualification donnée par le peuple équivalait à celle de reine veuve.

la rue Trousse-Vache, et de là, pendant la nuit, à l'hôtel de Cluny. Il le quitta dès la nuit suivante pour se rendre à son archevéché de Reims, où sa pieuse conduite répara les erreurs de sa vie politique. Sa qualité d'abbé de Cluny l'avait sans doute déterminé à choisir ce refuge.

Nous arrivons à des temps plus rapprochés où notre édifice va nous sembler moins désert.

Nos premiers locataires sont des histrions de province qui vinrent en 1584 dresser dans l'hôtel de Cluny leur tréteaux, que les foudres du parlement ne tardèrent pas à briser. Ils furent à cet égard moins heureux ou plutôt moins protégés que *gli Gelosi*, ces comédiens italiens qu'Henri III avait fait venir en 1577 et qui continuèrent leurs représentations par sa *jussion expresse*, nonobstant tous arrêts et condamnations. Le monopole de l'art théâtral était alors exercé par les confrères de la Passion qui exploitèrent pendant près de deux siècles leur privilége presque exclusif assez fructueusement pour que leur *épargne* soit venue grossir sensiblement, en vertu d'un édit royal de décembre 1676, la dotation de l'Hôpital, leur point de départ[1].

A cette profanation d'un édifice tout religieux succéda une purification complète, d'abord, par le séjour qu'y firent long-temps, à partir de 1601, les nonces du pape intéressés à surveiller de près les discussions, si importantes alors, de leurs voisins les docteurs en Sorbonne, et par la résidence temporaire, en 1625, des religieuses de Port-Royal-des-Champs, sous la conduite de cette savante et céleste Angélique Arnauld, l'objet du culte de Racine. Placée à onze ans à la tête de ce couvent, elle le réforma à dix-sept par ses leçons et plus encore par ses exemples; nous aimons à redemander aux échos de la jolie chapelle les cantiques sacrés et les louanges du Très-Haut sortis de bouches aussi pures.

Pourquoi faut-il que nous passions de ce concert des anges aux criailleries de la chicane et aux leçons d'athéisme? Car c'est un procureur qui vient ensuite occuper l'hôtel de Cluny, et ce procureur a pour clerc Lalande, si célèbre comme astronome et comme athée!

A cette époque, un astronome estimé dans son temps, Delisle, transférait son observatoire de la coupole du Luxembourg sur la tour octogone de l'hôtel de Cluny[2]. Le clerc Lalande visant déjà, quoique jeune, à une célébrité qu'il avait cherchée vainement en débitant en habit de jésuite des sermons de sa composition, mit ce voisinage à profit et quitta l'antre de la chicane pour se livrer, de concert avec Messier, élève de Delisle, à la contemplation de la voûte céleste, et leurs observations auxquelles cette partie de l'hôtel nous reportent tiennent un rang distingué dans les fastes de l'astronomie.

Si le nom de Lalande, dont la vie est un mélange de belles et de ridicules actions, éveille dans nos esprits, à côté du souvenir des services rendus à la science par ses immenses travaux, l'idée d'un fanfaron d'athéisme, d'un aéronaute vantard et d'un grotesque dégustateur d'araignées, celui du bon Messier, habitant pendant un demi-siècle de l'hôtel de Cluny, où il mourut en 1817, ne rappelle que des traits de candeur et de résignation. Ces qualités ne se démentirent jamais au milieu des privations de toute nature que lui imposa, pendant nos troubles, la suppression de tous ses traitemens. Il se vit réduit à aller chaque matin faire remplir par Lalande la lampe dont il avait consommé l'huile dans sa veille. Il existe quelques anecdotes assez gaies sur cet excellent homme que Louis XV, dit La Harpe, avait surnommé le *furet des comètes*, telle que le partage de sa douleur à l'occasion de la mort de sa femme et de la perte de sa treizième

[1] C'est dans l'hôpital des Pélerins, dit de la Trinité, faubourg Saint-Denis, que notre art dramatique a pris naissance.

[2] On voit cette tour dans la lithographie placée en regard de cet article.

comète, ou telle encore qu'une chute qu'il fit dans une glacière en 1781, comme pour consacrer la vérité de la fable par une donnée historique.

Dès l'époque où Lalande et Messier consommaient leur temps et consumaient leur huile dans cet hôtel en calculs scientifiques, il y existait depuis long-temps des presses pour imprimer ces fruits de leurs veilles et des magasins pour les vendre; car la famille de Moutard, l'imprimeur, l'occupait déjà vers 1760. Il reste encore un bel établissement analogue dans l'hôtel de Cluny, où MM. Durand et Sauvé exploitent une des plus belles imprimeries en tailles-douces de la capitale.

Cette maison célèbre sous tant de rapports différens est peut-être plus visitée qu'elle ne le fut jamais, depuis qu'un amateur des antiquités de la vieille France a conçu l'idée d'y classer par genre et par époques sa collection de monumens, correspondans à peu près par leurs dates à celle de la construction de l'hôtel. Puisse cette circonstance, en arrêtant les regards sur ce beau débris de nos antiquités nationales encore debout au milieu de tant de ruines, faire aviser aux moyens d'en assurer la conservation[1]!

Il ne nous reste plus qu'à résumer les titres de cet édifice à l'intérêt, non-seulement des archéologues, mais même de tous les amis du pays pour lesquels le culte des grands souvenirs et le charme des excursions dans le domaine de l'imagination ne sont pas de vains mots.

Berceau des sciences et des lettres, le palais des Thermes[2] vit Charlemagne s'entourer des savans de toutes nations, et ce grand roi lui-même ne dédaignait pas de sacrifier aux Muses.

Berceau des arts, par les leçons publiques qu'y fit le savant Alcuin qui, dit-on, y composa son traité des arts libéraux et y fit exécuter sous ses yeux ces manuscrits ornés de miniatures dont quelques-uns nous sont restés, c'était alors et ce fut pendant long-temps le premier et le seul art du dessin cultivé en France.

Berceau de l'art dramatique comme le seul lieu encore existant où les premiers essais de cet art aient été tentés dès le seizième siècle, puisque l'hôpital de la Trinité, les hôtels de Bourgogne, de Bourbon et d'Argent, et la foire Saint-Germain ne subsistent plus.

Et peut-être encore berceau d'une nouvelle renaissance, si l'intérêt qu'inspirent depuis quelques années seulement les rares débris de nos richesses monumentales porte son fruit.

Du Sommerard.

---

(1) Un moyen très convenable avait été proposé par le fils du créateur et conservateur du beau musée aujourd'hui en ruines, quelque contemporain des monumens français. M. Albert Lenoir, architecte et peintre, dans un beau travail qui lui mérita tout ce que l'Institut peut accorder, des éloges publics et une médaille d'or, profitait de l'heureuse contiguïté des deux monumens pour les réunir et former ainsi un musée chronologique où l'on aurait rassemblé tous les fragmens gallo-romains, lombards, des temps gothiques ou de l'époque de la renaissance que nous possédons déjà ou qui se découvriraient encore. M. Lenoir en sera pour sa belle étude.

(2) Les notions qui viennent de paraître sur l'hôtel de Cluny et sur le palais des Thermes, établissent que l'hôtel de Cluny fut élevé sur les fondations et selon les dispositions du palais romain qui subsista dans son intégrité jusqu'au treizième siècle. La salle des Thermes n'était qu'un accessoire de ce palais.

L'HOTEL DE SENS.

Vers le treizième ou le quatorzième siècle, environ le temps où les relations entre Paris et les provinces commencèrent à devenir plus fréquentes, il ne se rencontrait guère d'hôtelleries dans la capitale. L'Ange, le Petit-Braque, le Pilier-Verd et deux ou trois autres maisons du quartier des Halles ou de Saint-Martin, n'offraient que de fort méchans gîtes. Les pèlerins qui venaient des lieux éloignés, les étrangers arrivés des pays lointains, se logeaient dans quelques maisons où des fondations pieuses avaient été faites à cette intention[1]. Les seigneurs et gens considérables descendaient chez leurs parens, les prélats dans les maisons religieuses. On n'était là qu'en passant, pour un temps assez court, et la vie du monarque, des princes, des femmes même, n'avait ni assez de variété, ni assez de plaisirs pour qu'il se fallût préparer de longue main à en goûter les charmes. Les affaires seules retenaient à Paris; puis, les affaires une fois achevées, il semblait beaucoup préférable de commander dans son fief, de trôner dans son évêché, de gouverner ses vassaux ou ses hommes d'armes, que d'entrer avec le roi dans la modeste chambre où deux ais de sapin recouvert formaient la table du conseil, ou de suivre la reine à la promenade pour essayer le vol d'un gerfaut. Cependant, et à mesure que les relations d'intérêt, les négociations, les calculs politiques, rendirent plus fréquens les voyages de Paris, on commença de sentir qu'une habitation fixe, une maison toujours prête à recevoir son maître, étaient à la fois plus commodes et plus convenables. Les princes d'abord, puis les grands vassaux, puis les pairs et les évêques achetèrent ou firent construire des demeures magnifiques alors, auxquelles ils donnèrent leur nom. La rue de Savoye, la rue du Roi-de-Sicile en conservent encore la trace; et si nous voulions suivre, au milieu des quartiers de Saint-Avoye, de Saint-Antoine et du Temple, la trace de toutes les grandeurs qui s'y sont succédées, nous serions étonnés de ne trouver presque aucune place sans illustration, aucune maison sans souvenir.

Entre les prélats, celui qui entretenait avec Paris le plus de communications nécessaires était assurément l'archevêque de Sens, car la capitale du royaume n'avait qu'un évêché pour siège ecclésiastique, et l'archevêché de Sens était métropolitain de Paris. Aussi l'archevêque de Sens fut-il le premier des princes de l'Église qui possédât à Paris une résidence particulière. Étienne Bécard, habile et savant homme qui fut souvent mêlé aux grandes affaires de l'état et de l'église[2], en acquit une sur le quai des Célestins, et la légua, par testament, à ses succes-

---

[1] Il existait encore à Rome, il y a vingt-cinq ans, un certain nombre de fondations du même genre. Ce n'est pas ici le lieu de développer le motif ni les avantages de ces respectables institutions; mais elles avaient été bien touchantes dans l'origine; et dans la suite elles étaient demeurées bien long-temps utiles.

[2] Il était né en 1240 et mourut en 1309; il avait été mandé plusieurs fois à Rome par les papes et prit une part assez active à l'assemblée de 1303 où Philippe-le-Bel fit soutenir les droits de la couronne contre le pape Boniface.

seurs. Moins de soixante ans après[1], dans le temps où l'on s'occupait d'agrandir le séjour des Tournelles, un autre archevêque, non moins célèbre par son caractère, son influence et même les vicissitudes de sa vie, Guillaume de Melun[2] céda cette maison à Charles V, qui lui donna en échange l'hôtel d'Hestomenil[3], et les métropolitains de Paris eurent leur résidence au coin de la rue du Figuier, dans le quartier de Saint-Paul. Mais cette résidence n'est pas celle dont on a, comme par oubli, conservé jusques ici quelques vestiges. Les tourelles élancées, la porte sculptée, les fenêtres légères que l'hôtel de Sens nous présente encore, ne remontent qu'à la fin du quinzième siècle. L'élégance des ornemens, la grace des proportions suffiraient seules à l'indiquer; mais, à part ces irrécusables témoignages, on sait qui reconstruisit cet hôtel et qui lui donna le caractère qu'il a quelque temps conservé; ce fut le neuvième successeur de l'archevêque Guillaume, Tristan de Salazar[4], qui substitua un nouvel édifice à l'ancien manoir d'Hestomenil : et ce fut probablement quelqu'un des élèves de Bullant qui en donna les dessins. Tristan de Salazar était un prélat dont la vie pourrait servir de résumé au siècle dans lequel il fut placé. Né à Sully, en 1441, premier fruit de l'union d'un gentilhomme de Biscaye, qui était venu servir sous Charles VII, et de Marie de Saint-Fargeau, fille naturelle de Georges de la Trémoille, grand-chambellan de France, il avait pris d'abord le parti des armes, fut soldat au sortir de l'enfance, entra dans les ordres à trente ans, devint évêque à trente-deux, passa, l'année suivante, du siège de Meaux à celui de Sens, et fut bientôt chargé de négociations qui le conduisirent de la cour d'Henri VIII à celle du roi des Romains, chez les Suisses pour y maintenir la paix, au concile de Pise pour y soutenir des intérêts fort divers, sur les rivages de Gênes où il combattit, la javeline en main, ceux qu'il avait essayé de persuader par son éloquence. Grand et magnifique prélat, au demeurant, libéral en ses actions, de bonne grace, de belle parole et de mine très haute, protecteur des arts, ami des lettres, bienfaiteur de son église, et qui montrait aussi belle façon sur un roussin armé en guerre que sur une mule caparaçonnée, dans un salon royal que dans un concile, et devant des négociateurs assemblés que devant des populaires et bourgeois prosternés au pied d'un autel[5].

L'hôtel, rebâti par Tristan de Salazar, s'élevait autour d'une cour quadrangulaire. Un corps-de-logis, dans lequel donnait accès un escalier à double rampe, et que soutenaient deux tourelles à porte surbaissée, était placé entre cette cour et des jardins dont les arbres dominaient les deux rues voisines. Ce corps-de-logis servait de demeure aux archevêques, les appartemens de devant étant réservés pour leur famille et pour leur suite. C'est là qu'ils arrivaient à cheval quand ils quittaient leur métropole pour venir à Paris, ayant devant eux leur porte-croix, aussi à cheval, suivis de quelques ecclésiastiques sur des mules, précédés de quelques valets à pied, cheminant sur les rives de l'Yonne et de la Seine, bénissant les villageois qui s'agenouillaient sur leur passage, et mettant trois ou quatre jours à parcourir cette distance. Et savez-vous bien que ces

---

(1) En 1365.

(2) Guillaume de Melun était de l'illustre famille de ce nom. Il avait été chanoine et préchantre de l'église de Paris, et on l'avait pourvu de la cure de Saint-Quentin; puis il devint coadjuteur effectif et bientôt successeur de Philippe de Melun, son oncle, qui avait occupé avant lui le siège de Sens, en 1345. Il mourut le 5 mai 1376.

(3) Outre l'hôtel d'Hestomenil, le roi donna des bois, un étang, des prés et un jardin situés au faubourg ou aux environs de Sens; et tout cela, l'hôtel d'Hestomenil compris, fut évalué à un revenu de 800 livres.

(4) Il succédait aussi à un archevêque de la maison de Melun.

(5) Tristan de Salazar mourut le vendredi 11 février 1519.

archevêques, venant ainsi à cheval, c'étaient du Prat, chancelier et premier ministre du royaume, Louis de Bourbon, prince de la famille royale, Louis de Guise, qui fut le premier cardinal de Lorraine, et Jean Bertrandi, qui devint garde-des-sceaux, et Nicolas de Pellevé, qui couvrit aussi son front du chapeau rouge des princes de l'Église? L'hôtel de Sens, qui ne suffit plus à contenir la famille d'un commissionnaire de roulage, était assez magnifique alors pour des hommes qui mettaient une sorte de calcul à ne se montrer grands que dans la province où personne n'était plus grand qu'eux.

Nicolas de Pellevé, ce bon cardinal dont nous venons de parler, mourut à l'hôtel de Sens, de frayeur ou de rage, le jour où Henri IV rentra dans Paris. Marguerite de Valois y descendit à son retour d'Auvergne, lorsque le roi lui permit de venir consentir elle-même à quitter le nom de reine de France. Renaud de Beaune et Jacques Davy du Perron, ces deux hommes qui avaient tant contribué à l'abjuration du roi Henri, l'habitèrent l'un après l'autre, et l'un après l'autre y terminèrent leur carrière; mais, dès ce temps, l'hôtel de Sens commençait à perdre de son importance. L'évêché de Paris venait d'être érigé en archevêché[1]; les archevêques de Sens n'étaient plus, lorsqu'ils venaient descendre sur le quai des Ormes, que des voyageurs dont les canons et la tolérance de l'Église autorisaient le séjour. A cinquante ans de là, lorsque la cour suivit à Versailles les traces de Louis XIV, ce fut à Versailles aussi que durent se rendre ceux que des intérêts considérables ou des calculs passagers conduisaient auprès des ministres et du souverain. Quelques gens d'affaires d'abord, puis des marchands se logèrent dans la demeure des archevêques. On abattit le corps-de-logis intérieur; on démolit une des tourelles; le jardin fut réduit et les arbres vendus. Voici près d'un siècle que ces mots, *Maison de Roulage et Commission*, ont remplacé, sur le portail, les armes de Sens ou les écussons de Bourbon ou de Lorraine. Quelques détails extérieurs, la porte principale, une tourelle, quatre fenêtres subsistent encore; on aperçoit encore sous le portail quelques débris de sculpture. Vous vous étonnez qu'il reste si peu de chose de l'ouvrage de Bullant, du faste de du Prat, de la magnificence de Salazar? François Ier avait bâti Challuau pour la duchesse d'Étampes; Henri II, Anet pour madame de Valentinois; Henri IV, Monceaux pour la duchesse de Beaufort : cherchez les vestiges de Challuau, de Monceaux ou d'Anet, et si vous ne trouvez plus rien de ces prodiges des arts que l'amour s'était fait gloire d'élever, étonnez-vous plutôt que trois siècles et deux révolutions aient oublié quelque chose du logis d'un archevêque.

Le Comte A. DE PASTORET.

---

[1] En 1622, pour Jean-François de Gondy.

[illegible]

ANCIEN HOTEL DES ARCHEVÊQUES DE SENS.

NOTRE-DAME.

C'était le Vendredi-Saint : ce jour, où la ferveur d'une ame pieuse devient plus ardente, pénètre souvent le cœur même de l'impie d'une sorte de crainte religieuse. Celui que la pensée d'un Dieu mourant sur la croix pour sauver les hommes ne peut émouvoir, se laisse entraîner à un sentiment de tristesse involontaire à l'aspect de ce deuil universel qui couvre toute la chrétienté ; et tel, qui en d'autres temps et en d'autres lieux reste insensible aux sublimes et touchans mystères de notre religion, devient chrétien et croyant si le hasard ou la curiosité le conduit dans le temple du Seigneur le jour du Vendredi-Saint. Ce lugubre appareil de mort qui l'environne l'arrache à son orgueil, source de toute impiété, en lui rappelant qu'il est homme et qu'il doit mourir ; il comprend sa faiblesse, sa misère, son néant, et c'est en présence même de la mort qu'il sent mieux le besoin de l'immortalité. La vérité qu'il repoussait naguère, il s'y attache, comme le malheureux qui se noie à la planche de salut ; il se dit que si Dieu en mourant descendit jusqu'à l'homme, l'homme en mourant peut s'élever jusqu'à Dieu.

C'était le Vendredi-Saint. Je fuyais ce Long-Champs où la vanité se montre seule, ce Long-Champs qui n'est plus aujourd'hui qu'une profanation d'une pieuse coutume de nos pères, et je m'acheminais, triste et pensif, vers la vieille cathédrale, dont les deux grosses tours carrées semblent défier, par leurs masses imposantes, les hommes et le temps. Il me semblait que c'était dans le temple placé sous l'invocation de la Mère du Christ, que la solennité de ce jour devait avoir un caractère plus saint et plus sublime.

Arrivé sur la place dont l'étroite dimension ajoute encore à la hauteur apparente de l'édifice qui la domine, je m'arrêtai pour en contempler les grandes et vastes proportions. Mes regards se fixèrent d'abord sur deux bâtimens qui décorent cette place ; l'un est l'ancienne Maison des Enfans-Trouvés, l'autre est l'Hôtel-Dieu. Ainsi la charité a réuni dans un même lieu l'asile de l'homme qui naît pour souffrir, le refuge de l'homme qui souffre pour mourir, et la maison du Dieu qui console des souffrances de la vie et de la mort. Mais bientôt toute mon attention se porta sur l'immense basilique dont les derniers rayons du soleil éclairaient l'élégante architecture et se reflétaient sur les vitraux en feu de la grande rosace. La pensée qu'un tel monument est l'ouvrage de l'être faible et chétif qui rampe à ses pieds me fit comprendre à la fois le néant et la grandeur de l'homme.

L'église de Notre-Dame, placée à l'extrémité d'une île, donne à la vieille cité de Paris la forme d'un navire enfoncé dans la vase et échoué vers le milieu du fleuve. On pourrait croire qu'une si immense construction, élevée sur les bords d'une rivière, a dû être fondée sur pilotis ; il n'en est rien, et je ne sais quel poète des anciens jours a pris soin de nous le dire en vers. S'ils ne sont pas bons, ils ont du moins le mérite, bien rare aujourd'hui, d'apprendre beaucoup de choses en peu de mots. Les voici :

> Si tu veux savoir comme est ample
> De Notre-Dame le grand temple,
> Il y a dans œuvre, pour le sûr,
> Dix et sept toises de hauteur,
> Sur la largeur de vingt et quatre
> Et soixante-cinq, sans rabattre,
> A de long : aux tours haut-queuodes
> Trente-quatre sont bien comptées ;
> Le tout fondé sans pilotis,
> Aussi vrai que je te le dis.

Quel roi fonda cette église ? Les savans en donnent tout l'honneur à Robert-le-Pieux, fils de Hugues-Capet ; ainsi elle date de la dynastie capétienne. Mais il est hors de doute qu'antérieurement il existait déjà une église au même lieu, et avant cette église un temple ou un autel consacré à Jupiter. La preuve en fut acquise en 1711 ; des ouvriers, en creusant dans le chœur pour faire un crypte propre à la sépulture des archevêques, trouvèrent neuf pierres ornées de bas-reliefs et d'inscriptions gauloises. Les savans se sont exercés sur cette précieuse découverte ; et parmi leurs conjectures, qui sont loin de s'accorder, la plus vraisemblable, d'après les inscriptions conservées, est que ces pierres faisaient partie d'un autel dédié à Jupiter par des compagnies de navigateurs romains ou gaulois, et qu'à l'époque où les prédications de l'Évangile par l'apôtre saint Denis détruisirent l'idolâtrie dans ces contrées, les premiers chrétiens renversèrent cet autel et en employèrent les débris pour élever un temple à Dieu.

On ignore le nom de l'architecte qui traça le plan de Notre-Dame, et il est à regretter que les grands artistes qui couvrirent une partie de l'Europe d'innombrables monumens, alors que le christianisme enflammait toutes les imaginations, soient tombés dans l'oubli des hommes dont leurs travaux font l'admiration. Il paraît que deux siècles suffirent à peine pour achever Notre-Dame, et même depuis cette époque cette cathédrale a été fréquemment restaurée et enrichie de travaux importans. Je citerai entre autres la galerie des rois, qui se compose de figures de quatorze pieds de hauteur, représentant vingt-huit rois des trois premières races. Comme ces effigies ne diffèrent guère les unes des autres que par une barbe plus ou moins longue, on peut croire qu'elles ne ressemblent ni par les traits, ni par les costumes, aux rois qu'elles représentent.

Un volume entier ne suffirait pas pour décrire toutes les richesses de l'architecture et de la sculpture. Ce serait d'ailleurs une témérité à moi de l'entreprendre. Je me perdrais infailliblement au milieu de ces innombrables figures en relief qui retracent tous les personnages de l'Ancien et du Nouveau-Testament, ainsi qu'une foule de saints et de saintes, et enfin le Jugement dernier. Mais avant d'entrer dans la basilique, je m'arrêterai un moment pour en examiner les portes, qui présentent une circonstance fort remarquable.

Les quatre portes ferrées des deux côtés du grand portail étonnent encore aujourd'hui les plus habiles dans l'art de la serrurerie. Ils ont peine à comprendre ce chef-d'œuvre exécuté on ne sait par quel ouvrier, on ne sait à quelle époque. L'impossibilité d'expliquer un si admirable travail dans les deux portes de côté, tandis que la porte du milieu paraît avoir été oubliée, accrédita pendant long-temps un conte que voici :

Un garçon serrurier se présente pour être reçu maître; on lui donne, pour éprouver son talent, à ferrer les portes de Notre-Dame. Effrayé d'un travail au-dessus de ses forces, il se désespérait, lorsqu'un homme se présente et lui offre de s'en charger, à la condition que le pauvre ouvrier se donnera à lui, corps et ame, pendant un certain temps. Or, cet homme était le diable, et l'ouvrier a la faiblesse d'accepter. Dès le lendemain les quatre portes de côté se trouvèrent ferrées. Mais pourquoi celles du milieu ne le furent-elles pas? C'est que le Saint-Sacrement y passe et que le diable eut peur. Et ce qui prouve bien, disait-on naguère encore, que ces portes sont l'ouvrage du démon, c'est qu'il a mis son portrait sur plusieurs des bandes de fer qui ornent ces portes. On y remarque en effet plusieurs têtes portant des cornes. Maintenant on ne croit plus à la fable, mais on ignore toujours la vérité.

Après avoir franchi ces portes merveilleuses, je me trouvai dans l'enceinte où les fidèles se pressaient en foule pour adorer Jésus au tombeau. La nuit approchait, et déjà la vaste basilique n'était plus éclairée que par les cierges qui jetaient au loin leur lumière mystérieuse. Ils éclairaient à peine les cent vingt gros piliers et les cent huit colonnes, chacune d'une seule pierre, qui soutiennent la voûte de l'édifice. Le jour extérieur ne pénétrait plus à travers les riches peintures des cent treize vitraux.

Je m'agenouillai devant l'autel dont la première pierre fut posée par Louis XIV, pour accomplir le vœu de Louis XIII, vœu qui tous les ans donnait lieu naguère à cette procession solennelle où la piété de nos rois se joignait à la reconnaissance des Français, pour rendre grace à Dieu d'avoir donné Louis XIV à la France; immense bienfait qui s'est renouvelé de nos jours d'une manière plus miraculeuse encore par la naissance de Henri V.

La voix religieuse de l'orgue s'unissait aux chants des fidèles, et, après m'être recueilli quelque temps dans une pensée toute de piété, je ne pus me défendre des souvenirs que réveilla en moi l'aspect de ces voûtes solennelles.

Le siècle est bien jeune encore, et déjà il a vu s'accomplir dans ce temple deux cérémonies, un couronnement et un baptême, qui tiendront désormais les premières places dans les fastes de Notre-Dame. Là Dieu vit s'incliner devant sa toute-puissance le front de l'homme qui foulait sous ses pieds les rois de l'Europe; là, comme l'a dit un de nos jeunes poètes,

> Il fallut presqu'un Dieu pour consacrer cet homme;
> Le prêtre, monarque de Rome,
> Vint bénir son front menaçant;
> Car sans doute, en secret, effrayé de lui-même,
> Il voulait recevoir son sanglant diadème
> Des mains d'où le pardon descend.

Là aussi l'héritier des rois, le petit-fils de saint Louis, de Henri IV et de Louis XIV, reçut l'eau sainte du Jourdain qu'apporta de Syrie Châteaubriand. Je crois voir, je vois encore la fête du baptême du fils de France, du duc de Bordeaux.

C'était la première fois depuis le couronnement de Napoléon que Notre-Dame empruntait aux arts modernes des ornemens étrangers. Ils devaient cette fois porter un caractère différent, car il y avait peu d'analogie entre le vainqueur de l'Europe prenant sur l'autel de Dieu la couronne de France, sans demander toutefois, comme Philippe-Auguste, s'il était un autre Français plus digne que lui de la porter, et l'enfant dont le nom seul faisait encore toute la gloire, et qui n'aspirait alors qu'à la couronne du chrétien. L'un était tout par lui-même, l'autre n'était rien que par ses aïeux. Mais telle est encore dans notre siècle philosophique et positif l'influence des grands souvenirs du passé, que le baptême d'un faible enfant n'était pas un spectacle moins imposant que le sacre de l'homme qui rêvait dès lors l'empire de Charlemagne. Il semblait que la cérémonie de ce baptême était empreinte d'un caractère qui n'inspirait que de riantes pensées d'avenir. En priant pour le fils des rois les mères étaient sans doute attendries, mais aucune larme de regret ni de crainte ne venait protester contre la joie de ce jour. En était-il ainsi au couronnement de Napoléon? La victoire est belle, mais les gémissemens des filles, des épouses et des mères ne viennent-ils pas se mêler aux acclamations de la foule et troubler la joie du triomphateur?

C'était à rappeler les glorieux souvenirs du passé que s'étaient attachés les habiles architectes chargés de ce travail. Sur toute la largeur de la façade du portail s'élevait un riche portique d'une architecture en harmonie avec le reste de l'édifice. Il était orné des armoiries et des chiffres du roi Louis XVIII et du duc de Bordeaux; au milieu on voyait briller l'écusson aux armes de France, porté par quatre statues colossales représentant Clovis, Charlemagne, saint Louis et Henri IV. Cet emblème majestueux était entouré de statues et d'armoiries de toutes les bonnes villes de France. Ainsi se trouvait ingénieusement représenté, dans son étendue comme dans sa durée, le vaste et vieux royaume de France. Sur le sommet des tours on voyait se déployer majestueusement dans les airs de grandes bannières, et les rayons du soleil étincelaient sur l'or des fleurs de lis dont elles étaient ornées. On eût dit que l'oriflamme descendait de nouveau des cieux pour ombrager le berceau du fils des Rois.

La décoration de l'intérieur de l'église rappelait toute la magnificence de Louis XIV; mais à cette grandeur se joignait un air de fête, et les guirlandes de fleurs, qui se mariaient aux riches étoffes de velours et de soie et aux broderies d'or et d'argent, semblaient annoncer que la religion et la royauté pouvaient quelquefois unir la joie et le bonheur à la pompe et à la majesté: spectacle rare dans nos temps d'impiété et d'anarchie!

Je me rappelais ces gradins peuplés de tout ce que la France possédait alors de plus illustre dans l'armée, dans la magistrature; là les pairs et les députés, ici les envoyés des bonnes villes, puis des ambassadeurs, puis tous ces maréchaux, généraux et officiers de tous grades, puis ces chevaliers des ordres, puis ces femmes élégamment parées, puis enfin ce peuple qui faisait retentir la voûte de ses acclamations. Je voyais toute cette royale famille qui avait si chèrement payé ce jour de bonheur; j'entendais les paroles du vieux roi appelant les bénédictions du ciel sur la France et sur le fils de saint Louis; j'entendais les cris de joie du peuple qui répondait à ses prières. Mais lorsque ému de tous ces grands souvenirs je sortis de la maison de Dieu, et que je ne vis plus que des ruines où fut la demeure du prêtre, je me ressouvins qu'une révolution s'était faite, et que, du grand guerrier et de l'auguste enfant, l'un était dans la tombe et l'autre en exil. Alors une profonde douleur s'empara de moi; j'allais pleurer, lorsqu'en levant les yeux au ciel j'aperçus la croix; et une voix intérieure me dit: Espère en Dieu!

Ed. Mennechet.

LES TOURS DE NOTRE-DAME
et les Jardins de l'Hôtel-Dieu.

PORTE LATÉRALE DU ... DE NOTRE-DAME,

dite la Porte Rouge.

ÉGLISE

DE SAINT-PIERRE-AUX-BŒUFS.

Notre-Dame de Paris, ce noble et saint temple des chrétiens, comptait autrefois, autour d'elle, et presque dans l'enceinte qu'atteignent les grandes ombres projetées par ses tours dans les derniers jours d'automne, de nombreuses paroisses, des chapelles, des oratoires et des couvens. Ces églises d'un rang inférieur lui laissaient alors les pompes royales et les magnificences du culte, et semblaient placées là pour en prendre les charges et les soins quotidiens, à peu près comme les ministres d'un puissant souverain s'empressent à répandre ses bienfaits et à lui épargner les ennuis et les détails de la royauté. Parmi ces églises inféodées en quelque sorte à notre auguste cathédrale, Saint-Pierre-aux-Bœufs, située dans une petite rue de la Cité, annonçait, par la forme de son portique, comme par la singularité de son nom, l'ancienneté de son origine et l'incertitude de sa fondation. Elle avait subi, soit dans sa décoration matérielle, soit dans ses attributions spirituelles, plusieurs transformations successives. Aujourd'hui ce n'est plus la maison du Seigneur; les pompes religieuses ont fui de son enceinte. Oubliée dans une ruelle à laquelle elle a donné son nom, elle n'ouvre plus, à la sommation du lévite et devant le Roi de gloire, ses vieilles portes enfoncées dans la concavité de ses ogives concentriques. La brouette d'un ouvrier, le baquet d'un tonnelier, les heurtent sans respect; la nef est tantôt un magasin, tantôt un atelier; le clocher n'existe plus. Le portail tronqué dans sa partie supérieure a perdu son triangle gothique, et sans doute sa légère rosace. Un étage moderne de croisées alignées surmonte à présent le portail et les quatre ogives qui le couronnent; ces derniers restes, toutefois, conservent encore, au milieu de tant d'outrages, leur noble et antique caractère. L'œil est encore attiré par la délicatesse des ornemens du portique dont la richesse ressort au milieu d'un plein mur, formé de pierres massives, qui semblent défier les outrages du temps et le marteau des démolisseurs.

La proportion et la courbe des arceaux de l'ogive principale, leurs arêtes séparées par des rouleaux de feuillages, sont en harmonie parfaite avec les légères colonnes des pieds droits sur lesquels elles s'appuient, et dont les intervalles sont également ornés par des folioles repliées en coquille. Un coup d'œil jeté sur la planche qui représente fidèlement cet élégant portail fera mieux connaître ce qui reste de cet édifice que la description la plus technique et la plus détaillée; mais peut-être on nous pardonnera de rendre au jour un de ces vieux récits, titres naïfs et respectables de ces monumens du moyen-âge, avec le style desquels ils s'accordent si bien. Les fabliaux, les gothiques légendes, les contes mystiques semblent la mythologie faite pour une autre architecture, comme les dieux d'Homère, de Pindare et d'Ovide, convenaient aux temples de la Grèce, à l'élégance pure et sévère des ordres dorique et corinthien. Or «voici ce qui « advint en avant d'une petite église sise en la rue Saint-Pierre, et relevant de monsieur l'évêque

« de Paris, comme toutes celles qui gisent en la Cité. Soubs le règne du roi Louis douzième,
« il survint un grand et piteux scandale, par quoi tout le quartier fut mis en esmoi. En un jour
« de festivité, quand la Sainte-Chapelle se trouvoit toute emplie des bourgeois voisins et des
« confréries et maîtrises de ce quartier, le plus bel de nostre ville, voire même le plus zélé pour
« les hommages à rendre à Dieu et à sa sainte Mère; un jeune étudiant à l'Université eut la tête
« si farcie des enseignemens qu'il y recevoit, qu'il s'advisa de prendre au sérieux les fabuleuses
« et damnables inventions des docteurs païens, et se persuada que Jupin, Mars, Apollon et les
« autres idoles étoient les vrais dieux du ciel; et ne fit pas plus de façon à l'égard de Satan
« lui-même, prenant également fait et cause pour messire Pluton, qu'il regardoit comme le
« véritable seigneur de l'enfer et des bas lieux. Or, possédé de ces pensers diaboliques, s'en vint
« en ladite Sainte-Chapelle, où voyant tant de gens recueillis et disant en paix les pâtenostres
« de la féerie, se print à leur crier qu'ils étoient fols, et non content de les vitupérer ainsi, s'en
« courut droit à l'autel et arracha la sainte hostie des mains du prêtre; par suite de quoi il
« s'éleva si violente rumeur contre ce démon incarné, que si n'étoient accourus force archers et
« prévôts, il ne fust rien resté de sa peau, tant moult gens étoient en grand meschief contre lui.»

Nous croyons inutile de rapporter le procès, les interrogatoires, le jugement et le supplice
de ce jeune insensé; l'évêque de Paris, en réparation de ce sacrilége, ordonna une procession
solennelle, qu'il conduisit lui-même en habits pontificaux et où se trouvèrent tous les curés des
paroisses de la Cité, les archiprêtres, les vicaires, les chanoines et les abbés des couvens, des
chapelles et des oratoires qui entouraient l'église métropolitaine et dans chacune desquelles il
fut fait amende honorable. « Et quand se vint la procession à l'église Saint-Pierre, un chacun
« s'agenouillant en grand recueillement et componction, dedans, devant et en dehors du porche,
« et demandant merci pour soi et pour les autres avec grande piété et larmes fluentes, vint à
« passer un bouvier avec deux bœufs qu'il menoit à la tuerie, et ledit bouvier s'agenouilla aussi.
« Or, ce qui fut à grande merveille, ce fut que les deux bœufs, comme frappés de cette sainte
« action, et comme se recognoissant créatures du Seigneur, se prosternèrent aussi la face contre
« terre, ce dont l'assistance demoura grandement ébahie et moult édifiée; et pour garder la
« mémoire de ce glorieux miracle, furent les deux bœufs taillés en pierre dure, et placés à
« dextre et à sinistre du porche, où on les voit encore en preuve de l'événement, d'où l'église
« et la rue furent dénommées depuis Saint-Pierre-aux-Bœufs.»

On nous pardonnera, nous l'espérons, d'avoir abrégé ce récit et d'en avoir rendu plus
intelligibles quelques mots et quelques tournures oubliées. C'est avec plus de regret que nous
sommes obligés d'avouer que cette histoire rapportée brièvement par l'abbé Le Bœuf et Saint-
Foix paraît entièrement controuvée. On croit avec plus de vraisemblance que les deux bœufs
furent sculptés aux frais de la compagnie des bouchers de la Cité. Ils furent enlevés en 1763,
mais leur nom est resté à l'église et à la rue. La première est presque entièrement défigurée; la
rue, l'une des plus petites de la Cité, subira sans doute tôt ou tard un changement nécessaire et
moins regrettable.

De la Salle.

PORTIQUE D'UNE CHAPELLE

rue St Severin à Paris

SAINT-SÉVERIN.

« Et sur ce, respondict leur maistre,

« Il est encore un Archiprestre

« A Sainct Sevraing, pour vous ouyr

« Vous absolver et vous bénir.

« Allez y doncq, mes très chers freres,

« Et demandez en vos priestres

« La delivrance du pays

« Et la gloyre des fleurs-de-lys.

La Complaincte françoise au temps du roy Charles.

Mⁱˢ M. de Paulmy,

Bibl. de l'Arsenal.

Severinus était un Parisien de race gauloise et de famille équestre. Exemple de vertu, prodige de science au sixième siècle, il avait enseigné les lettres sacrées et profanes au petit-fils de Clovis, au prince Clodovald. Cet élève du pieux Severinus s'éloigna prudemment de la cour de Neustrie; il remonta la Seine, il vint s'établir à Navigentum, au milieu des bois qui couvraient les bords du fleuve, à l'occident de Paris, et les habitations qui sont venues se grouper autour de son ermitage en ont fait successivement le bourg de Saint-Clodovald et la ville de Saint-Cloud.

L'instituteur du jeune reclus se retira bientôt du monde, de ce monde épouvantable, de cette cour Mérovingienne, où les ames religieuses et les cœurs humains, où les esprits cultivés, où les hommes de savoir et de mansuétude ne pouvaient plus soutenir la vue ni supporter le bruit des cruautés parjures, des sacriléges, de la dissolution sanguinaire et du fanatisme impie des Chérébert, des Ultrogothe et des Chlodomir. *Perversité barbaresque et furiosité sycambrique!* ainsi que l'exprime avec une âpre énergie l'historien gaulois de Saint-Fulbert.

Séverin se réfugia dans une cellule, au milieu des ruines de l'ancien palais des Thermes. Il y vécut solitaire; il y mourut entre les bras de son disciple qui fit élever sur sa tombe un oratoire, en l'année du salut 548, et l'on voit que le jeune Haribert, prince salien, fut y déposer l'hommage et le sacrifice de ses longs cheveux blonds et royaux : *auream regalemque comam.* C'est sur l'emplacement de cette chapelle qu'on édifia, vers la fin du onzième siècle, l'église archipresbytérale de Saint-Séverin, la plus ancienne paroisse de tous les quartiers méridionaux de Paris, hors de la Cité.

Il ne reste plus de l'édifice primitif qu'une portion du chevet et le côté nord de l'absyde, où l'on doit remarquer un curieux fronton dont les tranchets, découpés et superposés sur le plan de largeur, ont quelque similitude avec une ancienne mantelure de *menu-vair*. On voit quelquefois des sculptures semblables à celle de ce fronton latéral de Saint-Séverin dans les vieilles églises normandes, et principalement dans le pays Rouunois.

La tour et la nef de l'église, ainsi que le chœur et jusqu'au sanctuaire exclusivement, sont d'un gothique assez délicat, légèrement fleuri, régulièrement ordonné, symétrique, et plus ajouré que celui des autres édifices religieux du même temps, c'est-à-dire du treizième siècle au quatorzième.

Le double rang de vitraux était renommé pour la splendeur de son éclat et la curiosité de ses blasons, suivant l'historien Lebœuf.

Les vénérables ossemens de Severinus étaient enchâssés dans une fierte d'argent, ouvrée par l'Évêque de Noyon Saint Éloy, et dédiée pour *ex-voto* par la pieuse Bathilde, mère du Roi Thierry.

L'image du patron se voit encore à la droite du porche majeur; elle est restée là depuis quatre cent treize ans, dans sa niche cintrée, sur sa console à fleurons, et sous un pinacle admirablement sculpté.

Les Citoyens français de 93 ont brisé les vitraux armoriés, à coups de pierres.

Les Huguenots de l'amiral de Coligny s'étaient emparés, à coups de mousquet, du reliquaire d'argent dont le contenu fut sauvé des outrages et de la destruction profanatoire, par un *miracle inspéré*, suivant la tradition pastorale de Saint-Séverin. Toujours est-il que ces reliques ont été conservées jusqu'à ce moment-ci dans la basilique de Notre-Dame, et comme elles sont encore enchâssées d'argent, ceci n'est pas le moins miraculeux.... La figure du prêtre gaulois est encore debout, mais elle est décapitée; mutilation des réformateurs iconoclastes qui l'aura sûrement préservée d'une entière destruction par les niveleurs républicains. C'est encore un bienfait du calvinisme à qui les antiquités nationales et les beaux-arts ont tant de graces à rendre!

La statue dont nous parlons est largement drapée de la *cappa benedictina*, dans un style analogue à celui de la minorité de Saint Louis; elle porte dans la main gauche une de ces représentations monolythes appelées *dédicaces*, et qu'on a toujours interprétées comme un témoignage assuré du patronage ou de la fondation du monument.

La tour du campanile est d'une élévation satisfaisante et d'une belle facture. Elle est sommée d'une flèche en arête aiguë qui nous paraît hors-d'œuvre, et qui, si l'on juge de son antiquité par son profil, doit être encore postérieure aux dernières constructions lapidaires.

Les Bollandistes nous font remarquer qu'au temps du Roi Jean cette église paroissiale était la seule du royaume où l'on eut des orgues, et Gilles Ménage observe équitablement qu'elle est « non moins illustrée, pour garder les cendres de ces deux savans et généreux frères jumeaux « Scévole et Louis de Sainte-Marthe, aussi bien que celles du célèbre advocat Maistre Estienne « Pasquier. »

Il est à savoir que la recluse de l'église de Saint-Séverin, qui vivait renfermée dans une loge à grille scellée, dont elle ne sortait que pour être portée dans le cimetière, il est à considérer, disons-nous, que la recluse de cette paroisse était toujours tenue pour la principale et la plus respectable *Sachette* du diocèse de Paris. On voit dans le nécrologe de l'abbaye Saint-Victor, qu'en 1243, la *Sachette Séverine* était la noble damoiselle Guillemette *au court nez*, laquelle était la sixième fille de l'archiprêtre Guillaume de Montmorency, curé de cette paroisse. Elle était restée pendant quatre ans et deux mois dans le même *reclusoire* et dans le même *sachet* de peaux de mouton, sans manger autre chose que du pain d'orge trempé d'eau, qu'on lui passait au travers de son grillage.

Au rapport de plusieurs historiens de la Ligue, on vit arriver en l'église de Saint-Séverin, le jour de la décollation de saint Jean-Baptiste, à l'issue des vêpres, en l'année 1590, Madame la Lieutenante-générale du royaume, Duchesse de Mayenne, (son bas de robe et son corps de jupe n'étant pas *des plus propres*, ajoute la satyre Ményppée) en compagnie de monsieur le cardinal de Bourbon, dit le roi Charles, de messieurs le duc de Beaufort, l'envoyé du roi catholique, le sieur de Brissac, maréchal de la Ligue, et bon nombre d'autres gens de l'Union. Lesquels personnages se furent d'abord mettre à genoux, et puis à siége, dessus les degrés du maître-autel, et de là virent faire dans le milieu du sanctuaire une édifiante et curieuse représentation du martyre de feue la Reine Marie d'Écosse. Étant assez connu d'un chacun comme elle avait long-temps été prisonnière, et détestablement mise à mort par ordre et méchant vouloir d'Élisabeth de Lancastre, fille bâtarde et cruellement dénaturée d'Henry Tudor le huitième, et le fameux tyran! je n'en dirai rien. Fut faite ladite représentation par de notables conseillers et jeunes quartiniers de la ville, assistés d'honnêtes et discrètes bourgeoises, à grand renfort d'autres bonnes gens, pour y faire les offices et roôles des confidens, du chancelier, du bourreau de la meurtrière et ses évêques hérétiques. Et de l'autre côté, voyait-on les serviteurs éplorés, assistans fidèles de la Reine Marie, ses jouvencelles d'atours avec sa nourrice dolente et autres gens comme il fallait. C'était la demoiselle Hamelin des Barreaulx (diserte et prudente personne) qui faisait la Reine d'Écosse, douairière de France, en long habit herminé, comme aussi force joyaux, et devisant si bien de son juste droit sur les royaumes d'Angleterre et d'Irlande, aussi discourant si pertinemment de la théologie contre l'impudente et damnée bâtarde (excommuniée), qu'il ne se pouvait ni mieux ni plus doctement argumenter, et que tout le monde était ravi! La veuve Pigorant (de la place Maubert) faisait l'anglaise et prétendue reine, mal accoutrée, et le populaire en criait sur elle à travers les grilles du chœur, disant qu'ils la voulaient tuer, et la maugréaient, sauf le respect et révérence du lieu saint et de la lieutenante-générale avec son roi de paille, en s'écriant et tempestant ni plus ni moins qu'une légion de Béelzebuth et d'Astaraoth en un bénitier (de métropole)! Quand il en fallut venir à la feinte mort et funeste décollation de la reine innocente, il y eut telle rumeur et si grand bruit que chacun s'en émut et que l'église en tressaillit jusqu'en ses fondemens. Mais après que les anges et saints du paradis s'en vinrent enlever la défunte reine, et que les diables biscornus et trifourchus emportèrent l'autre, il y eut grand soulagement et satisfaction des cœurs et des esprits, avec des transports et des cris de joie qu'on aurait pu ouïr de Chaillot dans le camp du Béarnais: qui le Roi de France et de Navarre est aujourd'hui; le Roi Henry, que Dieu garde et nous conserve!

Piganiol de la Force a publié que Mademoiselle d'Orléans, Duchesse de Montpensier, la grande Mademoiselle, avait « un si fort caprice et fantaisie dans la teste au suject de Saint-Séverin, « qu'elle en avait fait closre et condamner, du costé de la rüe de Tournon, toutes les portes de « son palais du Luxembourg, où l'on n'entrait plus aultrement que par la rüe d'Enfer, bien « qu'il fallût de nécessité traverser à pied tout le jardin, quelque temps qu'il fist, afin d'arriver

« jusques auprès d'elle. C'était parce qu'elle se croyait ainsy trouver, et qu'elle voullait absolument
« se pouvoir dire de la paroisse Sainct-Séverin, d'où vint une fameuse poursuicte de monsieur le
« curé de Sainct-Sulpice, contre cette estrange imagination de princesse. »

On n'a jamais pu s'expliquer cette prédilection de Mademoiselle, et ce qu'on ignore encore aujourd'hui, c'est pourquoi cette église est un vaisseau d'élection pour les jansénistes, qu'on y voit affluer de tous les quartiers de Paris à certaines époques et sans aucun motif connu du clergé, ni du public?

Le père Quesnel ou l'abbé de Saint-Cyran sont peut-être inhumés sous les dalles de Saint-Séverin; mais il est bon d'avertir que le consciencieux Bollandus n'en parle pas.

C'est à peu près là, malheureusement, tout ce qu'on peut dire aujourd'hui sur cette ancienne église paroissiale, objet dépouillé, sans chaleur et sans couleur tranchante; sujet ingrat, dont la sécheresse a mécontenté l'écrivain.

M. DE COUSEN-COURCHAMPS.

CLOCHER DE L'ÉGLISE S. SEVERIN.

TOURELLE DE LA PLACE DE GRÈVE.

Tout a fui, les varlets, les dames et les pages,
Et le Temps de son livre a feuilleté les pages:
La tempête a passé sur la terre. . . . .

Poète inconnu.

Les tours, jusqu'au quatorzième siècle, étaient regardées comme un symbole de la puissance, comme un privilège de la royauté. Elles perdirent vers cette époque leur caractère de domination absolue. Les châteaux empiétèrent sur les droits du Louvre, la mode remplaça le monopole, et la jalousie des rois devint le caprice des architectes. Ce fut sans doute dans ces temps que fut bâtie cette petite *tourelle* que l'œil découvre au milieu de constructions triviales à l'angle nord-ouest de la place de Grève. Nos recherches sur son origine ont été infructueuses, nulle charte n'en fait mention, nulle peinture ne la représente, nulle tradition populaire ne s'y attache. Il y a lieu de croire qu'elle donnait sur une rue et qu'elle était à l'angle d'une maison. Dépourvue de documens historiques, elle ne se recommande à l'observateur, que par ses formes gracieuses et sa situation dramatique. Restée debout, au milieu des édifices modernes, sur cette place témoin de tant de vicissitudes et déjà comprise dans l'enceinte de la ville bien avant les murs de Philippe-Auguste, elle nous apparaît comme un débris de cette scène sur laquelle presque toute l'histoire de Paris a été jouée.

Imaginez-vous un homme que Dieu eût exempté de la mort; supposez que cet homme se fût accoudé à la fenêtre de cette tourelle depuis qu'elle existe, et qu'il eût suivi constamment le spectacle qui se déroulait en bas sous ses yeux. Oh! quelles variétés de langage, de mœurs, de coutumes, il a dû saisir! Quel intérêt il a trouvé dans la physionomie changeante de ce peuple, dans les phases prodigieuses de cette cité! Que de fêtes, que de drames il aurait à vous raconter! Quelle vaste moisson il a récoltée pour l'historien, pour l'artiste et pour le poète! Il ne craint pas que quelque bâtiment nouveau s'élève sur cette place et gène son regard qui plonge librement jusqu'à Notre-Dame; car il sait que, par lettres-patentes de 1141, le roi Louis-le-Jeune, seigneur direct de la Grève et du Monceau-Saint-Gervais, a promis aux bourgeois du quartier, moyennant la somme de soixante-dix livres une fois payée, qu'à l'avenir aucun édifice ne serait construit dans cette enceinte d'où le marché vient d'être enlevé et transféré aux *Champeaux*. Charles VI y ordonne l'établissement d'une *étape*, ses successeurs y élèvent deux fontaines. Voici Jehan d'Anxerre, receveur des gabelles de la prévôté de Paris, qui, par contrat du 7 juillet 1357, vend à la ville, pour la somme de deux mille huit cent quatre-vingt livres parisis, la maison de Grève qu'on appelle *domus ad piloria*, la Maison aux pilliers. Ce fut d'abord la demeure d'un chanoine nommé Philippe-Suger-Cluyn ou Clayon; Philippe-Auguste la lui acheta en 1212. Ce fut depuis tour à tour la propriété de Philippe-de-Valois, de Clémence de Hongrie, veuve du roi Louis-Hutin, de Guy et de Humbert, dauphins de Viennois; et ce fut pour avoir appartenu à ces deux princes et à Charles de France, dauphin, duc de Normandie et régent du royaume, qu'on lui donna le nom de *maison aux Dauphins*; et voilà maintenant la ville de Paris qui veut en faire la *maison de la marchandise* ou le *parloir aux bourgeois*, car c'est ainsi que s'appela d'abord la *Commune* ou l'Hôtel-de-Ville.—La Maison aux piliers est abattue; un édifice plus considérable la remplace. Le plan en est arrêté en 1533, et c'est Pierre Niole, prévôt des marchands, accompagné des échevins et des notables de la ville, qui vient en poser la première pierre; mais, comme presque tous les grands monumens de Paris, il est construit lentement et souvent modifié dans ses détails. Commencé sur un plan gothique, il est refait sur les dessins de Dominico Boccadoro, qui apporte à Henri II les nouvelles inspirations de l'Italie; enfin il est achevé en 1605. C'est une belle époque : François Miron est prévôt des marchands et Henri IV est roi.

Mais que l'immuable spectateur que nous avons placé sous les ogives de cette fenêtre vous raconte tout ce qu'il a vu; qu'il vous dise le feu de joie, le bûcher béni, allumé par nos rois eux-mêmes la veille de la Saint-Jean, de cette même main qui éteignait les discordes du monde; qu'il vous dise les réjouissances populaires quand Dieu envoyait une victoire à nos armées, une province à notre territoire, un fils à nos rois, une gloire à la France! qu'il vous dise les processions solennelles, l'enthousiasme et le recueillement, les cris et le silence du peuple, les chants graves des hommes d'église, les armes brillantes des gens de guerre, la chasuble de saint Martin, premier drapeau de la monarchie chrétienne, l'oriflamme qui sortait de Saint-Denis aux grands jours et brillait dans nos orages comme un signe d'alliance entre la France et Dieu, la bannière fleurdelysée, la bannière de nos pères, disparue avec eux au milieu des tempêtes. Qu'il vous dise aussi les instrumens des supplices et l'appareil de la mort succédant aux fêtes nationales. Hélas! votre observateur séculaire a vu brûler tant de corps et couper tant de têtes qu'il a peine à se rappeler le nom ou le crime des condamnés : sa mémoire, au milieu de ce sanglant dédale, ne peut même remonter au-delà de 1310. C'était une femme jeune et belle, du nom de Marguerite Porete Hainuonia! L'évêque de Paris, assisté de celui de Beauvais, docteur et inquisiteur de la Foi en France, accompagné d'un grand nombre de docteurs, se rend processionnellement à la Grève, et, de sa bouche pastorale, lit à cette malheureuse et jeune fille la sentence qui la condamne au supplice des hérétiques.

Il se rappelle aussi ces deux prêtres suppliciés en l'année 1398. C'étaient deux religieux de l'ordre de saint Augustin, qui s'étaient mis dans l'esprit qu'ils guériraient le roi Charles VI de sa folie. Ils ont touché pour cela beaucoup d'argent, ils ont pris l'engagement de guérir le roi, et les pauvres diables n'ont pu réussir; et même ils lui ont fait, à ce qu'il paraît, plusieurs incisions à la tête, dont il a pensé mourir. On les a appliqués à la question et ils ont confessé qu'ils ne connaissaient rien à la maladie du roi. Ils sont condamnés à avoir la tête tranchée pour n'avoir pu lui rendre la sienne. On les amène donc ici : voyez, ils montent sur l'échafaud qui tient au Saint-Esprit par un pont de bois, tous deux revêtus de leur aube éblouissante, de leur chasuble de soie et d'or : l'évêque en habits pontificaux les exhorte, leur fait raser la tête et ôter leurs ornemens de prêtres. Cela fait, il leur montre le ciel et la croix qui étincelait au faîte de Notre-Dame; puis il s'en retourne au Saint-Esprit par le même pont. Voilà qu'on dépouille les deux victimes, qu'on leur lie les mains, qu'on les fait monter sur une charrette et qu'on les conduit à la halle pour y être décapités et écartelés.... Tenez, ces deux têtes que le peuple rapporte et promène au bout de ces deux lances, ce sont leurs têtes.... leur corps a été jeté à Montfaucon.

Mais jamais il ne pourra vous dire toutes les tragédies jouées sous ses yeux, tous les grands personnages qu'il a vus remplir leur rôle sanglant : Olivier de Clisson, le maréchal de Marillac, Pierre des Essarts, Jean des Mères, le comte d'Armagnac, le marquis de Boutteville, le chevalier d'Andrieux, le comte de Lalli. Et que de noms obscurs à qui le crime a donné leur jour de vogue et le supplice leur instant de popularité! Jamais vous ne traverserez cette place sans vous sentir le cœur serré; vous ne regarderez point sans émoi toutes ces croisées où se sont pressées, au jour fatal, tant de têtes curieuses, ce pavé qui semble exhaler encore une odeur fétide, ce sévère monument de Cortone qui a du sang de Berthier sur son escalier, du sang de Robespierre sur sa table, et sur ses tapis les traces d'un duc d'Orléans.

Puis, à l'un des angles de la place, vous chercherez des yeux cette petite tourelle, cette loge élégante d'un théâtre qui n'est plus et que le temps a couché sous terre avec ses drames et ses acteurs.

A. DE BEAUCHESNE.

QUAI DE LA GRÈVE
et partie de l'Hôtel de Ville

Pl. VI.

UNE MAISON

DE LA RUE DES BOURDONNAIS.

C'était aussi un bel art, hardi, gracieux, élégant, que cette autre architecture qui, bien qu'on ait voulu en établir des preuves, ne fut certainement ni la fille, ni l'imitatrice dégénérée de l'antique et imposante architecture de la Grèce et de Rome. Elle apparut dans des siècles d'ignorance qui ne constatèrent ni son origine, ni ses lois. Née près de l'obscur berceau des nations modernes, guidée par des règles et des préceptes que nous ne connaissons plus, par un goût et des recherches qui se révèlent à l'œil le moins attentif, elle couvrit l'Europe de constructions originales, variées, abondantes de formes et d'effets. Long-temps un dédain pire que l'ignorance confondit, sous le nom de gothiques, les productions des architectes du moyen-âge qui semblèrent condamnées à l'oubli et à la destruction. A peine les édifices sacrés purent-ils échapper à cet injuste arrêt, et beaucoup d'entre eux, restaurés en partie sur un plan moderne, ne présentèrent plus que le bizarre assemblage de deux styles incohérens. Du reste, les bâtimens d'un ordre inférieur, les maisons des particuliers, les hôtels, les châteaux disparurent presque totalement. Dans les villes surtout, et malheureusement dans Paris plus qu'ailleurs, il n'en subsiste que quelques faibles débris, défigurés, enclavés dans des constructions qui les écrasent, et livrés à des emplois obscurs qui en accélèrent chaque jour la destruction. Tel est le sort d'une maison dont l'effet et l'ensemble ne peuvent plus sans doute être appréciés, mais dont plusieurs détails, conservés dans leur état primitif, frappent encore par la légèreté, le goût et la hardiesse de leur exécution. Située rue des Bourdonnais, dans le quartier de Sainte-Opportune, elle est depuis long-temps occupée par des magasins de commerce, à l'enseigne, d'abord de la Couronne-d'Or, et aujourd'hui à celle de la Barbe-d'Or. On peut facilement juger du caractère de son architecture en jetant les yeux sur le dessin exact qui représente l'élégante tourelle placée à l'angle de la cour intérieure de cet ancien palais. Le style général et la décoration extérieure permettent d'en faire remonter l'origine jusqu'au douzième siècle, bien que dans les détails on remarque des ornemens qui appartiennent à des temps plus modernes et qui y auront été successivement ajoutés. Saint-Foix, dans ses *Essais sur Paris*, parle d'une tradition orale transmise par les habitans de cette maison, d'où il résulterait que Philippe-le-Bel l'avait habitée en 1280, cinq ans avant son couronnement. Ce devait être alors une maison de chasse ou de plaisance, située près d'une tour de garde et d'une chapelle dédiée à Notre-Dame-des-Bois, car tout ce quartier n'était pas bâti. La chapelle devint, deux siècles plus tard, l'église de Sainte-Opportune. Le chemin qui passait devant la façade de ce joli palais fut peu à peu bordé de maisons et prit le nom d'Adam et Guillaume Bourdon, deux frères qui sans doute avaient fait bâtir une partie de la nouvelle rue. Elle finit par recevoir, en raison de cette origine, le nom de rue des Bourdonnais, qu'elle a toujours gardé depuis. Saint-Foix nie et rejette le séjour de Philippe-le-Bel, parce que, dit-il, ce fut Philippe, duc d'Orléans, frère du roi Jean, qui l'acheta en 1393. Cette date est tout-à-fait erronée; elle se rapporte au règne de Charles VI, et le duc d'Orléans, frère du roi Jean, était mort depuis long-temps sans postérité. Il est constant qu'en 1393 cette maison appartenait à Guy de La Trémoille. Le duc d'Orléans, qui la possédait avant lui, l'avait achetée en 1363 et la lui vendit peu d'années après. Ainsi rien n'empêche que Philippe-le-Bel n'y ait habité quatre-vingts ans plus tôt. Elle existait certainement avant l'époque où elle devint le palais du duc d'Orléans. Ce prince avait épousé Blanche, fille du roi Charles-le-Bel, et mourut sans enfant en 1375. Serait-ce aussi par une conséquence de ce mariage qu'une tradition populaire donnerait à cet ancien édifice le nom de Maison de la Reine Blanche? Au reste cette dénomination est devenue si banale pour toutes les maisons construites dans le goût de l'architecture du moyen-âge que la France est couverte de maisons de la reine Blanche. Il faut dire cependant que, dans les treizième, quatorzième et quinzième siècles, il y eut beaucoup de princesses du sang royal qui portèrent ce nom, et enfin on croit que chaque reine de France qui survivait à son royal époux, à l'expiration de son deuil, ne paraissait plus le reste de sa vie que vêtue de blanc, d'où l'on avait pris l'usage de désigner ces augustes veuves par le nom de Reines Blanches. Or, ceci rendrait plus concevable le nombre des maisons qu'on regarde comme leur ayant servi de séjour. Lorsque le duc Philippe d'Orléans, qui n'était alors que duc de Touraine, en fit l'acquisition, la maison de la rue des frères Bourdon jouissait sans doute d'une certaine réputation, puisqu'un prince du sang désirait en faire sa résidence; elle était connue sous le nom de Grande Maison des Carneaux. Dans les vieux dictionnaires, carneaux et créneaux ont la même signification. Peut-être l'enceinte de cette maison isolée dans les bois, où l'on avait construit la Tour de Notre-Dame-des-Bois, poste militaire destiné à surveiller les brigands et les malfaiteurs, avait-elle été crénelée dans le même but. Le bâtiment qui lui sert d'entrée par la rue des Bourdonnais était un portique à jour formé par des arcs en ogives, au-dessus desquels régnaient des appartemens. Les jardins, embellis par des fontaines d'eau jaillissante, s'étendaient jusqu'à la rue de Béthizy. Les arcades sont murées, à l'exception de celle qui forme aujourd'hui la porte-cochère d'une cour sombre et resserrée. Les jardins n'existent plus; de lourdes maçonneries remplacent dans beaucoup d'endroits ces légers rinceaux, ces sculptures dentelées, capricieuses, dont les méandres et la délicatesse furent peut-être une imitation du travail de l'orfévrerie de ce temps. Le duc d'Orléans, possesseur de ce manoir, mourut sans y laisser de souvenirs glorieux. Il n'en fut pas de même de ses successeurs, ces illustres chevaliers de La Trémoille qui décorèrent les pages de notre histoire de tant d'exemples d'héroisme et de fidélité! Ce fut en faveur de Guy de La Trémoille que cette maison fut érigée en fief. Lorsque le terrible Jean-Sans-Pitié, évêque de Liége, amena ses hommes d'armes au secours de son allié, Jean-Sans-Peur, duc de Bourgogne, il y logea pendant le temps de son séjour à Paris; mais les troubles qui désolèrent la France, sous le règne de Charles VI, enlevèrent cette propriété aux La Trémoille, sur qui les Anglais la confisquèrent; elle leur fut rendue en 1430. Plusieurs maisons de ce quartier relevaient du fief de La Trémoille. Parmi ceux qui l'habitèrent dans les siècles suivans, on remarque le chancelier Dubourg; elle passa ensuite au président de Belièvre qui lui donna son nom; enfin elle devint une maison de commerce. Un auteur moderne a essayé de lui rendre une espèce de célébrité en y plaçant plusieurs scènes d'un roman intitulé *la Danse Macabre*, et imité des compositions inimitables de Walter Scott.

De La Salle.

MAISON RUE DE LA [illegible].

(Détails.)

MAISON DU XVIᵉ SIÈCLE

RUE SAINT-DENIS.

Il existe encore dans la rue Saint-Denis plusieurs de ces anciennes maisons en charpente apparente, étroites, élevées de plusieurs étages et couronnées par un pignon aigu à deux égoûts, type des antiques habitations de la bourgeoisie. Parmi elles il en est une construite plus solidement en belles pierres sculptées et qui dénote de plus hautes prétentions. C'est au point qu'au premier coup d'œil on hésite à la ranger dans la classe ordinaire et qu'on la prendrait plutôt pour un monument public dont on aurait fait par suite une maison particulière. Au reste, il est plus rare, qu'on ne pense, de trouver un édifice dont la décoration extérieure soit parfaitement appropriée à son usage primitif; peut-être, en effet, cette maison, habitée maintenant comme toutes celles de la même rue par le commerce et la bourgeoisie, a-t-elle eu autrefois une autre destination? Aucun historien, au moins que nous sachions, n'en parle; cependant le soin qu'on a mis à la décorer avec élégance devait la faire remarquer, car rien n'a été épargné, malgré l'exiguité du terrain, pour en faire un monument de luxe, que le style de son architecture et surtout la recherche et le bon goût de ses ornemens de sculpture font remonter au commencement du seizième siècle. Serait-ce un petit hôtel? Mais quel est le grand seigneur qui aurait choisi pour sa demeure un emplacement si voisin des halles et qui dominait sur un vaste cimetière? Certes l'idée d'habiter en ce lieu n'a pu venir qu'au chef d'une famille établie de temps immémorial dans le centre des affaires commerciales et qui y ayant fait fortune, puis parvenu à la dignité de marguillier ou d'échevin, a eu l'ambitieuse pensée de léguer à sa postérité un monument destiné à perpétuer son nom et à le sauver de l'oubli. Hélas! des palais n'ont pu procurer cet avantage à leurs fastueux fondateurs!

Quoi qu'il en soit, devant cette maison, dans cette rue, l'une des plus anciennes de Paris, et qui était le grand chemin des ovations royales, combien n'a-t-on pas vu passer de pompes triomphales, de cérémonies funèbres, de corps de troupes, de processions, de cortéges de tout genre, composés des grands de la cour et de la ville, des corporations des arts et métiers, et de la foule bigarrée; enfin des flots de la tourbe populaire, tantôt faisant retentir l'air de ses acclamations joyeuses, tantôt réveillant les échos de la nuit par des vociférations, des cris de révolte, et rougissant les ténèbres du sanglant éclat des torches de la discorde civile!.... Si, par un prestige magique, l'oreille pouvait saisir le retentissement de tous les bruits qui ont frappé ces murailles,

si tous les faits passés y avaient laissé leur empreinte, combien pourrait-on y lire d'étranges
aveux, de secrets importans, d'horribles révélations! Au défaut de cette faculté, et s'il s'agissait
ici d'un monument connu, il nous serait aisé de détacher quelques parcelles brillantes du
manteau de l'histoire; mais bien que ces murs n'aient pas cessé d'être habités et que sans doute
il s'y soit passé une foule de scènes dignes d'être décrites, nous ne nous sentons pas le talent d'en
évoquer les acteurs; contentons-nous de faire jouer le rôle de spectateurs aux membres de la
famille qui habitait sous ce toit vers le milieu du seizième siècle. Mêlons-nous parmi eux et
prenons place à cette croisée dont les châssis offrent des compartimens de verre retenus par
des lamelles de plomb, et dont l'appui est couvert de coussins et de tapis. Toutes les autres
fenêtres sont aussi garnies de spectateurs revêtus de leurs habits de fête et des joyaux, antique
héritage de la famille. Toutes les cloches des églises sont en branle et les carillons tintent des
airs joyeux. Les crieurs publics, avec leur toque surmontée de plumes de coq et leur tablier à
poche rempli de livrets imprimés pour la circonstance, font retentir ces paroles:

« C'est l'ordre qui est tenu à la nouvelle et joyeuse entrée de très haut, très excellent et très
« puissant prince le Roi Très Chrétien Henri, deuxième de ce nom, en sa bonne ville de Paris,
« le 16 juin 1549. »

Il s'arrête un moment dans l'espoir que cette annonce excitera la curiosité, puis il continue :

« Le prévôt des marchands et échevins ayant été averti que le Roi avait délibéré de faire son
« entrée et celle de Catherine de Médicis, son épouse, en sadite ville de Paris; pour la somptuosité
« et magnificence de sadite entrée, et afin de faire claire et ouverte démonstration de la joie et
« liesse qu'ils recevaient, ont fait ériger et dresser aucuns arcs de triomphe et autres manufactures
« d'excellent artifice, subtile invention, tant à la porte Saint-Denis que en dedans d'icelle,
« ainsi que cy après cet escrit. »

Bornons-nous à décrire le spectacle qui s'offre à nos regards. Aussi loin que la vue peut
s'étendre, les maisons sont tapissées comme dans toutes les fêtes solennelles; de distance en
distance des tentes ou des berceaux en buis et en lierre entremêlés de clinquant offrent les devises
et les chiffres ou écussons de Henri de France et de Catherine de Toscane, enrichis de
compartimens d'argent sur fond noir, qui était la couleur royale. Ces berceaux tempèrent l'ardeur
du soleil; d'ailleurs le sol est sablé, arrosé, jonché de feuillages et de fleurs; l'encens et la myrrhe
parfument l'air, et l'on voit l'hypocras et le vin jaillir des fontaines. Tout près on remarque celle
des Saints-Innocens que Jean Goujon venait de terminer: « D'un ouvrage singulier, enrichi de
« figures de nymphes, fleuves et fontaines, à demi taillées, ensemble de feuillages et artificiellement
« ondoyans et refendus qu'il n'est possible de l'exprimer en peu de paroles; par quoi en est
« laissé le jugement à ceux qui de présent le peuvent voir et s'entendent en tels ouvrages. Ladite
« fontaine était embellie, dedans œuvre, de diverses damoiselles et bourgeoises avec plusieurs
« gentilshommes et citoyens de la ville, tant bien en ordre que c'était toute beauté.

« Plus loin on découvre une autre fontaine (celle du Ponceau qui pour lors occupait le milieu
« de la rue Saint-Denis). Le massif de ce monument supporte trois Fortunes de relief beaucoup
« plus grandes que le naturel, la première d'or, la seconde d'argent, la tierce de plomb, assises
« sous un Jupiter de dix pieds de hauteur, planté sur un globe céleste, tenant son bras droit
« contremont et maniant son fouldre sur la paulme de sa main en contenance gracieuse et
« toutefois redoutable.... La première Fortune représente celle du Roi et du royaume.... la

« seconde est celle des nobles.... la tierce dénote celle du peuple et tient la main droite dessus
« son estomach en signe de fidélité et d'innocence; en sa gauche elle porte un coultre de charrue,
« et des ailes au dos pour manifester sa diligence toujours laborieuse!

« Par-dessus tous les autres monumens on voit s'élever une merveilleuse aiguille trigonale de
« 70 pieds de hauteur, le piédestal, peint en ses quatre côtés, de pierres de porphyre, jaspe,
« serpentine et autres que l'antiquité a grandement recommandées. Dessus le plan de ce perron
« pose la figure d'un animal d'Éthiopie, nommé rhinoceron, en couleur d'écorce de buis, armé
« d'écailles naturelles. Il a dix-huit pieds de longueur, onze de haut et supporte l'aiguille ou obé-
« lisque en question, ornée de compartimens et hiéroglyphes sur fond de porphyre; et à l'extrémité
« de laquelle, sur un globe doré d'où s'élance la foudre, on voit s'élever la figure de la France de
« dix pieds de hauteur, armée à l'antique, revêtue d'une robe impériale azurée, semée de fleurs-
« de-lys et faisant contenance de remettre son épée au fourreau comme victorieuse de plusieurs
« animaux cruels et sauvages qui gisent détranchés et morts dessous le ventre du rhinoceron.... »

Cependant les clairons, les timbales annoncent de loin l'arrivée du cortége; les cris joyeux,
les vivat de la multitude y répondent, et, suivant un poëte du temps:

> Chantres meslés parmi flustes doucettes,
> Orgues, clairons, avecque les trompettes
> Contentaient fort et l'oreille et le cœur,
> Et ont chassé tout ennuy et langueur,
> Car Claudin fait comme toujours connaître
> Que de musique il est un parfait maistre.

L'on voit enfin s'avancer avec ordre, lenteur, et se développer successivement la pompe
triomphale qui précède et accompagne la famille Royale. Les seigneurs et jusqu'aux bourgeois
sont revêtus de riches armures ou d'habits de velours et de soie resplendissans d'or et de
pierreries; la reine et ses dames d'honneur sont portées dans des litières ou montées sur des
haquenées richement harnachées.....

C'en est assez pour donner une idée de cette cérémonie, l'une des plus magnifiques que l'on
connaisse; ce qu'il y a de certain, c'est que tous les monumens temporaires et particulièrement
les arcs de triomphe et les lices érigées dans la rue Saint-Antoine devaient être des modèles de
style, si l'on peut en juger par les gravures en bois qui nous en restent. Mais, par une fatalité
assez commune dans les écrits de cette époque, on cite le nom d'un musicien tout-à-fait oublié
et l'on tait ceux des Delorme, des Bullant et des Jean Gougeon, auxquels on peut attribuer ces
belles décorations. En effet, jamais peut-être l'architecture, la sculpture et même la peinture
réunies n'ont produit des compositions plus grandioses et de meilleur goût.

A.-L. CASTELLAN

MAISON DU XVIᵉ SIÈCLE.

rue S.t Denis

MAISON DU XVIe SIÈCLE,
rue St Denis.
Détails

MAISON DU XVIe SIÈCLE

RUE SAINT-PAUL.

« On peut considérer les ouvrages de Ballant comme
« formant la transition du goût gothique à une architecture
« plus pure dans son ensemble et mieux motivée dans ses
« détails ».

Musée de Sculpture antique et moderne, par M. LE COMTE DE CLARAC, tome Ier, pag. 390.

Une allée étroite, dont l'entrée est située rue Saint-Paul, n° 29, conduit à une très petite cour resserrée de trois côtés par des constructions modernes tout-à-fait en désaccord avec la charmante façade qui en forme le quatrième côté. Le rez-de-chaussée, divisé en trois parties égales par quatre pilastres composites, présente dans chacune de ses parties une voûte surbaissée reposant sur d'autres pilastres plus petits. L'intervalle compris sous le cintre de ces voûtes est encore divisé par des colonnettes de fantaisie, sorte de balustres allongés, hors des règles ordinaires de l'architecture, mais pleins d'élégance et de légèreté. Ces ouvertures spacieuses éclairaient une vaste salle occupant autrefois ce rez-de-chaussée, dont l'entrée était sans doute sur l'un des côtés, car les ouvertures pratiquées actuellement aux dépens du soubassement de la façade sont évidemment de temps moderne.

Le premier étage de cette jolie maison est percé de trois croisées inégales en grandeur; l'une, plus large, au centre, les deux autres plus étroites, et toutes ornées de pilastres et de chambranles à moulures d'un goût pur et d'une parfaite exécution. L'entablement de cet étage est coupé par des consoles et le milieu décoré par un écusson dont les armoiries sont entièrement effacées. Trois lucarnes à croisillons de pierre terminent cette construction, due sans doute à la plus belle époque de la renaissance des arts.

Le goût et la grâce avec lesquels sont exécutés les arabesques des pilastres, quelques traces d'inscription dans la frise, la belle qualité de la pierre, le soin apporté dans toutes les parties de cette façade, enfin un reste de dorure brillant aux solives apparentes du premier étage, tout doit faire penser que ce très petit, mais très élégant édifice, fut élevé pour un personnage de certaine importance; qu'une cour plus spacieuse s'étendait jusqu'à la rue Saint-Paul, et que, du côté de la rue Saint-Antoine, un jardin entourait l'hôtel et tout ce qui en dépendait.

L'agrandissement successif de Paris a causé la disparition de tant de constructions intéressantes que la découverte d'un semblable exemple d'habitation privée est vraiment une bonne fortune pour les artistes et les amateurs de nos antiquités.

Sans doute, jeunes hommes studieux! vous désirez savoir quel fut l'architecte de cette maison et quel grand seigneur la fit bâtir; l'histoire ne le dit point. Mais nous, qui rêvons si volontiers de nos célébrités anciennes et qui avons vieilli entourés de livres et de curiosités du moyen-âge, nous essaierons de suppléer à cette lacune. Il ne faut pour cela que nous recueillir d'abord; ensuite, comme ces *crislaques* du magnétisme, nous évoquerons avec des accens mystérieux les ombres que vous voulez connaître, et nous vous ferons assister avec elles à quelque scène de mœurs du *vieil temps*, où la vérité prédominera sur nos fictions.

Or, tâchez de nous suivre intuitivement; remontons les siècles jusques à l'an de l'Incarnation 1558, et le cinquième de mars, un peu avant la onzième heure du jour, pénétrons dans la salle basse de ce manoir, lequel, pour parler le langage du temps, est édifié tout de neuf et enrichi de meubles fort exquis et précieux. Entrez, jeunes hommes! approchez de cette haute cheminée dont le manteau est supporté par de sveltes cariatides; remarquez au milieu de cette couronne de lauriers et de fleurs le buste en bronze du feu roi François Iᵉʳ. Saluez l'auguste modèle de la chevalerie, le père des lettres, des sciences et des arts! Sur les parois à droite, devant ces belles tentures d'Arras, où sont pourtraits au vif les déduits de la chasse à l'oiseau, voyez ce dressoir élégant, fait en bois de noyer rubanné; ses panneaux et son dosseret ont été sculptés d'après les dessins de défunt maître Roux. Là, sur des tablettes tapissées de velours, brillent à la clarté des verrières de couleur les hanaps, les salières émaillées, les vases d'argile dits *rustiques figalines* et les bassins et les aiguières d'argent riselé, ouvrages de Courtois, de Palissy et de Duvet. A gauche, au-dessous de la croisée du centre, vous apercevez une table parée d'un tissu de fin lin de Reims, mignonnement damassé; on a étalé sur cette nappe un tranchoir de vermeil, surchargé d'une pile de tranches de pain et d'une trousse de cuir doré, contenant *forches* et couteaux pour servir les viandes; car un festin s'apprête; ce grand couvert vous le dit. Ce jeune page faisant brûler des parfums, ces serviteurs qui vont et viennent hâtivement font deviner que l'hôte et ses convives sont près de faire ici leur entrée.

Arrêtez-vous, en attendant, devant cette belle porte; voyez dans le tympan ce blason d'argent aux six feuilles de houx d'azur; c'est celui du maître de céans, de Pierre de La Vieuville, baron de Rugles et d'Arseilliers, fauconnier de France et gentilhomme du roi Henri II. Il célèbre en ce jour, avec l'élite de ses amis, la prise de possession de cette demeure, élevée d'après les dessins de Jean Bullant, son protégé, lequel, étant en sa prime jeunesse, les lui offrit comme fleurs de gratitude. La Vieuville, qui fut prompt à reconnaître le mérite du projet, l'a fait exécuter sans y prescrire le moindre changement.

Mais il vient ce digne protecteur.... le voilà! il mène galamment par la main dame Hélia de Villezan, épouse d'Hector d'Herbouville, premier gentilhomme de la chambre du roi et très docte ami des lettres et des arts. Voici Hector lui-même, conduisant dame Angélique d'O, mariée depuis sept ans à La Vieuville; elle est céleste et douce comme son nom. Après la belle Angélique viennent avec leurs seigneurs et maris mesdames d'Estouteville, de Forbin, de Talaru, de Turpin et de Durfort-Duras, vêtues de robes de velours ou de brocard, à grandes manches tailladées à l'italienne; toutes *gorgiasement* ornées de chapelets de filigrane d'or, de carcans de pierres fines et de cordelières enrichies de saphirs, d'émeraudes ou de rubis. Plusieurs grands artistes et quelques poètes renommés, que La Vieuville recherche et honore par inclination, arrivent groupés à la suite. Les premiers, qui sont Bullant et Lescot, architectes,

Cousin et Clouet, peintres, Bontemps et Goujon, sculpteurs, se montrent radieux d'une gloire acquise par d'immortels travaux; les seconds, ayant à leur tête de Baïf, Colet et Jodelle, resplendissent d'un éclat moins grand, et toutefois ils se trouvent conviés pour l'honneur des Muses et du Parnasse français.

Pages et varlets s'empressent de donner à laver. Le maître et la maîtresse assignent les places à table; chacun est encore debout devant celle qu'il doit occuper; le plus âgé fait le signe de la croix et récite à voix haute la prière d'usage au commencement des repas. On s'assied. Un siége demeure vide.... il est réservé au Vitruve lyonnais, à Philibert de l'Orme, abbé de Saint-Eloy-les-Noyon et Saint-Serge-les-Angiers. Au moment où il allait se rendre à cette fête, madame Diane l'a envoyé quérir pour s'entretenir avec lui des embellissemens en œuvre à son château d'Anet; le seigneur de La Vieuville, averti de ce contre-temps, en a ressenti fâcherie et déplaisir.

Les premiers momens du festin se passent dans le silence; l'appétit s'oppose à toute conversation; cliquetis de couteaux et de cuillers est tout ce qu'il est donné de pouvoir entendre. Aussi vous devez observer que déjà l'on vient desservir les restes d'un potage copieux, composé d'huîtres, de moules et de riz safrané, ainsi que les reliefs de deux grands plats garnis de pièces de bœuf, de veau, de mouton et de lard, entremêlées des meilleurs légumes de la saison. Mais le vin de Dijon est offert à la ronde dans un large hanap de cristal. Cette liqueur généreuse anime les esprits et délie les langues; vives saillies se succèdent; plaisans devis se font ouïr : on n'en arrête le cours un instant que pour considérer les airs d'importance et la marche grave de cinq gros varlets, bravement accoutrés, ayant la charge de dresser le second service. Le premier apporte des oisons à la Malvoisie et des murènes à tronçons revêtus; le deuxième un ventre d'esturgeon à la lombarde et du chevreuil au fromage de Milan; celui-ci des perdrix à la tonnelette et du soleil de blanc chapon; celui-là de l'oriflon de gelée et de la gelée aux pointes de diamans; et le dernier, le plus robuste de tous, rehausse cet ensemble d'un énorme pâté de sarcelles qui est flanqué aussitôt de deux salades de raiponce de Meaux et de persil de Macédoine, décorées de rouelles de concombre et d'ognons confits.

Propos récréatifs ont repris l'essor. Bien manger, bien boire et bien dire vont à l'unisson. Ici l'on raconte maints beaux faits d'armes; là il s'agit de projets de grands monumens; plus loin on cause de poésie, on exalte Clément, on critique Ronsard; et au milieu de ces entretiens variés, les ragoûts diminuent, les gelées fondent, le pâté s'écroule et le second service prend fin.

Place, place! voici venir Saupiquet, le maître queux de l'hôtel! Fier de ses droits aux honneurs d'un triomphe, ce zélé serviteur élève pompeusement les bras pour montrer mieux le cygne rôti auquel il a su rajuster un cou gracieux et des ailes éployées, éclatantes de blancheur. Il laisse ignorer que les flancs de la victime recèlent bon nombre de vanneaux, de pluviers et de guignards. Admirez avec quelle adresse ses mains nerveuses déposent cette pièce d'apparat au centre de la table. Tous les regards sont fixés sur le gentil oiseau. Pendant ce temps on groupe à ses côtés, avec art et symétrie, une foule d'entremets délicieux, et on lui donne pour supports, en tête et en queue, un puits de crème fromentée et une pyramide de gâteaux baveux.

Saupiquet, dûment loué par tout le monde, s'incline en affectant une extrême modestie; puis, se retirant à quatre pas de la table, il se prend à battre des mains!.... A ce signal, cors, hautbois, tymbales, trompes et clairons exécutent une marche de l'invention de Janequin, et l'on voit entrer en bel arroi les maîtres de maçonnerie, charpenterie, verrerie et tous autres ayant pris part aux labeurs d'icelle maison neuve. Voyez comme ils font posément le tour de la salle, précédés par quatre d'entre eux qui portent un vase où vient d'être transplanté le houx toujours vert, embelli de guirlandes artificielles, de fleurs d'angélique et de nœuds de rubans d'argent et d'azur; on lit sur un tillet doré, appendu à la cime de cet arbuste, quelques vers composés par Olivier de Magni:

> De l'art de Bullant vrai miracle,
> Digne à jamais d'être cité,
> Duisant et commode habitacle;
> Brave du temps l'édacité;
> Et que le sage La Vieuville,
> En tes murs heureux et tranquille,
> Pour lui, pour ses chères amours
> Obtienne des Dieux un long cours
> De jours.

Tandis que le loz de l'illustre architecte est à l'envi répété et que le vœu formé pour le bonheur de son noble ami est reproduit par tous les cœurs, nos hommes de métiers poussent des cris de liesse; le maître et seigneur fouille à l'escarcelle et belles pièces d'or sont le guerdon et le congé de ces honnêtes artificiers.... Maintenant bouchez vos oreilles, car le bruit des clairons, des trompes et des timbales, joint aux aboîemens de Miraud et de Lucine, pourraient bien vous assourdir....

Mais, paix au dedans et au dehors! l'hôte magnifique impose silence; il a la tête découverte; il parle d'un ton digne; écoutez. Il propose de boire au très chrétien et très redouté roi de France, Henri, deuxième du nom, dont la bannière fleurdelisée vient d'être plantée vaillamment et à toujours sur les bastilles et remparts de Calais. Qu'il fait beau voir, à ces mots, les coupes remplies de vin de Reims, élevées presque toutes à la fois! c'est à qui fera raison avec le plus d'enthousiasme et d'amour! Messire de Baïf porte bientôt après, et pendant le dessert, la santé de Pierre et d'Angélique! le jeune poète s'exprime en termes aussi courtois que respectueux: bon vouloir, haute estime et franche amitié applaudissent de toutes parts.

A cette heure examinez la manœuvre de cette grande nef d'argent, richement pavoisée, se promenant sur la table à l'aide de rouages cachés. Elle porte à son bord hypocras et rossolis; chacun y puise bellement au passage. Le drageoir circule de mains en mains; on fait largesse de confitures et d'épices; graces sont dites et l'on va quitter la table. Un page annonce messire Philibert de l'Orme! Aussitôt la compagnie se lève, s'avance et l'entoure. Il a dîné chez le roi. Quelles nouvelles de la cour, s'écrie le seigneur Hector?—On ne s'entretient au Louvre, répond Philibert, que de la très joyeuse et très fraternelle réception faite ce matin au souverain des Pyrénées. Antoine de Bourbon est advenu soudainement à l'huis du gros pavillon, menant à son ordinaire modeste état et petit bruit. Conduit sans délai jusqu'en la chambre royale, il y a présenté l'espoir de son lignage, un enfant qui n'a pas cinq ans. Oncques ne s'est vu petit garçon tant dispos, voire tant éveillé et assuré! Notre maître l'a pris dans ses bras, l'a caressé et lui a demandé s'il voulait être son fils? —*Quet es lo peigne pay* : celui-ci est monsieur mon père, a reparti le prince, en montrant le roi de Navarre. —En ce cas, a ajouté le roi de France qui prenait plaisir à ouïr tel jargon; puisque vous ne voulez être mon fils, vous plaît-il de devenir mon gendre? — *O bé!* oui bien, a-t-il dit avec grace et vivacité.

Jeunes hommes! cet enfant fut Henri IV!....

Ici, je m'arrête, le repas est fini; mon rêve est achevé. Je ne présagerai point sous quel autre Henri cette maison en ruine sera restaurée; je ne lis pas dans l'avenir : je ne sais que redire les choses du bon vieux temps.

Pierre Rivoil.

COUR ET FAÇADE D'UNE MAISON,
rue St Paul.

SAINT-ÉTIENNE-DU-MONT.

L'histoire du christianisme est aussi l'histoire des arts compris dans leur sens le plus pur et le plus élevé. Paris renferme beaucoup de monumens précieux, qu'on ne connaît pas à moins d'être chrétien ou artiste, et qu'on ne connaît bien qu'en étant à la fois l'un et l'autre.

Derrière cet édifice, pour lequel il a été plus aisé de trouver un nom grec que des grands hommes, il est une église obscure et retirée. Le Panthéon la regarde du haut de son orgueil ; il sourit dédaigneusement à la naïveté de ses croyances, à la pompe gothique de ses fêtes. La vieille église prie et espère, cela est permis à tout le monde ; mais elle comprend son temps, car elle a l'air de reculer et de se faire petite devant le dôme philosophique de son superbe voisin, et cependant elle peut, à certains jours de l'année, lui montrer la foule qui se presse encore sur son parvis, et d'innombrables cierges allumés après treize siècles par la foi du peuple sur le tombeau d'une bergère. Cette église est Saint-Étienne-du-Mont.

Elle fut érigée en paroisse dès l'année 1202, mais elle resta placée sous la domination de l'abbaye de Sainte-Geneviève ; domination très absolue, puisqu'en 1517 seulement le pauvre Saint-Étienne obtint de sa suzeraine la faveur d'une porte particulière. Jusque-là, on y entrait par l'église même de l'Abbaye ; aujourd'hui, il est arrivé ce qui arrive toujours, c'est le vassal qui a eu *le dernier*, il a hérité de l'ancienne Sainte-Geneviève, dont il ne reste que cette vieille tour qu'on aperçoit de si loin. Enclavée dans les bâtimens du collége d'Henri IV, elle semble chargée de représenter le passé auprès de l'avenir, et les jeunes têtes du dix-neuvième siècle rêvent et fermentent au pied de ces murs qui ont vu tant d'autres rêveurs, qui ont vu les mêmes passions s'agiter sous tant de noms différens.

Saint-Étienne, successivement agrandi, fut reconstruit presque en entier pendant le seizième siècle, et en 1610, Marguerite de Valois, femme répudiée d'Henri IV, paya 3,000 livres l'honneur de poser la première pierre de sa façade. Cette façade est dans le style de la renaissance, contrariée encore par l'influence de l'architecture sarrazine. A Saint-Étienne, comme dans les édifices du même temps, on sent partout la lutte des deux époques, et il en résulte un caractère original qui rachète pour l'artiste le manque de repos et d'unité.

En entrant dans l'église, les yeux sont frappés d'abord par le jubé érigé en 1600. Le jubé est une tribune séparant le chœur de la nef et sur laquelle monte le prêtre pour annoncer l'Évangile au peuple avec l'autorité qu'indique ce mot emprunté du latin. Nos églises modernes y ont renoncé, et on doit regretter sans doute de les voir s'éloigner chaque jour davantage de ces pensées primitives du christianisme, aussi fécondes pour les arts que pour la foi, qui donnent encore à présent tant de prestiges aux vieilles basiliques.

Le jubé de Saint-Étienne est une construction presque fantastique, un caprice plein de grace et de hardiesse. Son escalier, replié sur lui-même, s'élève comme un serpent le long des piliers; il semble en équilibre tant le point d'appui en est léger; et ses détails, dont la finesse mérite un examen particulier, sont reproduits dans cette lithographie par un crayon dont les amateurs connaissent la fidélité.

Une inscription placée à gauche de la grande porte atteste que le 15 février 1626 François de Gondy, archevêque de Paris, fit la consécration de l'église restaurée. Pendant les *cérimonies*, ajoute l'inscription dans son vieux langage, deux filles qui s'appuyaient sur une balustrade des travées du chœur, tombèrent avec elle et furent miraculeusement préservées. Quoi qu'on puisse penser du miracle, on est au moins forcé d'admettre la vraisemblance de la chute en voyant l'étonnante légèreté de ces balustrades. Après le nom du prélat sont gravés sur le marbre les noms des marguilliers; ils appartiennent à cette pieuse et honorable bourgeoisie de Paris, que le temps a emportée comme tout le reste.

A droite du jubé, près du tombeau de la sainte, sont deux modestes pierres fixées contre le mur. Sur l'une, on lit avec intérêt l'épitaphe académique de Boileau. On s'arrête avec respect devant l'autre, car elle porte le grand nom de Pascal. Cet homme, si humble de cœur et si hardi de pensée, se repose ici des fatigues du génie sous la protection d'une pauvre fille.

Pour terminer dans le point de vue des arts le voyage de Saint-Étienne, il faut regarder encore quelques tableaux placés autour du chœur; il en est deux peints par Largillière et par de Troy, votés par les échevins de Paris à l'occasion des années de famine en 1669 et 1709, et qui décoraient l'ancienne abbaye.

Saint-Étienne possède aussi des vitraux peints, genre de beauté d'autant plus précieux qu'il est devenu rare en France depuis quarante ans; car les vitres sont toujours les premières victimes des révolutions. Celles-ci ne remontent qu'au seizième siècle, mais elles concourent puissamment à l'harmonie de l'ensemble, et c'est surtout à l'approche du soir que l'église apparaît dans tout son charme religieux. Si vous avez été élève du collége d'Henri IV, si vous avez suivi les cours de l'École de Droit; enfin, si vous avez mené cette pauvre vie d'étudiant si riche de jeunesse et d'avenir, sans doute, par une belle soirée de printemps, vous échappez quelquefois au monde pour venir dans le vieux pays latin repasser sur vos anciennes traces, rechercher tous les souvenirs qui s'embellissent à mesure qu'ils s'éloignent; entrez alors à Saint-Étienne-du-Mont, l'air en est bon pour les cœurs troublés; l'église est déserte à cette heure, mais elle semble animée de je ne sais quelle vie mystérieuse qui se révèle à l'ame par une involontaire émotion. La lumière que reflètent les vitraux vient, en se jouant, colorer ces graves figures parlementaires des *ex-voto*; elles paraissent revivre et prier encore pour leurs descendans. Au tombeau de la sainte, les cierges s'éteignent, mais une pauvre femme pleure agenouillée sur les marches; sans doute elle demande la vie de son enfant. Un ouvrier, un prolétaire, pour parler le langage actuel, est venu là aussi se reposer des travaux du jour et chercher des forces pour le lendemain. Eh bien! dans quelque disposition d'insouciance, de légèreté, d'incrédulité même que vous soyez arrivé, vous vous sentirez attendri; si d'abord vous étiez tenté de sourire, bientôt vous serez tenté de prier. Vous comprendrez que toute notre sagesse et toute notre science sont insuffisantes pour remplacer cette vieille pierre noire; vous sentirez, pour la première fois peut-être, ce qu'il y a de divin dans ces croyances dédaignées qui font briller l'espoir sur des jours si courts et si mauvais. J'ignore si ces impressions seront durables; le monde, les passions, la politique vous attendent au détour de la rue Saint-Jacques; mais ce soir-là au moins, en sortant de Saint-Étienne, vous oublierez de regarder le Panthéon.

De Vimeux.

PORTAIL DE ST ETIENNE DU MONT.
Vestiges de l'ancienne Église St Geneviève

ESCALIER DU JUBÉ,
Porte du Chœur de St Étienne du Mont.

L'HOTEL

DE CARNAVALET.

A l'époque où la moitié de Paris, de l'ancien Paris, bien éloigné des dimensions de celui que nous connaissons, était encore divisée en terres labourables, prés, *oueraies*, *cerisaies*, ou *coultures*, comme on disait alors, on voyait après la culture Saint-Éloy, et de l'autre côté de la rue Saint-Antoine, la culture Sainte-Catherine, autour du prieuré du même nom ; cette culture s'étendait depuis le palais royal des Tournelles jusqu'à la rue Saint-Antoine, et finissait à la culture Saint-Gervais. Tant que subsista l'hôtel des Tournelles, situé où se trouve aujourd'hui la place Royale, il devait au prieur et au religieux de Sainte-Catherine lods et ventes, cens et rentes, et François Ier les payait comme ses prédécesseurs avaient fait. Mais lorsque Henri IV bâtit la place Royale, loin d'acquitter ce tribut, il vendit les places et les maisons à la charge d'en payer les droits seigneuriaux à lui et à ses successeurs. Sous François Ier cette culture servait quelquefois pour des spectacles et ne rapportait que soixante livres de rentes. Pour en tirer un meilleur parti, les religieux cherchèrent à s'en défaire en 1544 et à en vendre des portions à divers particuliers, à condition de bâtir des maisons chargées du cens qu'ils devaient à Saint-Victor. Du nombre des acquéreurs était Jacques de Ligneris, seigneur de Crome, président au parlement de Paris, et l'un des trois ambassadeurs de François Ier au concile de Trente. Il prit en rente foncière *cinq places en un continent, en la culture Sainte - Catherine.* Ce n'était que des terres labourables, qu'il convertit en jardin, et il bâtit ensuite un bel hôtel, actuellement à l'angle des rues Culture-Sainte-Catherine et des Francs-Bourgeois. Son fils, Théodore de Ligneris, vendit cette maison en 1578 à Françoise de la Baume de Carnavalet, et ce dernier nom lui est resté.

La porte de cet hôtel, d'une proportion vaste et élégante, est ornée de refends vermiculés, de deux lions en bas-relief, de trophées d'armes et d'un écusson en cartouche découpé au milieu duquel étaient des armoiries. Cet écusson est soutenu par deux charmans génies, qu'on ne peut attribuer qu'à Jean Gougeon, ce maître habile appelé plus tard le Corrége de la sculpture. Son cachet se retrouve aussi sur la petite figure de la clef qui tient une corne d'abondance et qui a les pieds posés sur un masque; les quatre grandes et très belles figures placées sur les trumeaux de la façade de la cour intérieure, et qui représentent les saisons, doivent être également de Jean Gougeon, ainsi que les masques des claveaux des croisées. Sans doute, dans l'origine de ce bâtiment, la porte seule, telle qu'elle est représentée dans cet ouvrage, existait sur la rue et fermait la cour entourée de murs. Le premier étage qui s'élève à présent sur ce rez-de-chaussée est évidemment d'une autre époque, de même que les deux ailes qui vont rejoindre le corps-de-logis du fond et qui sont décorées de sculptures très inférieures à celles de la porte. Androuet-du-Cerceau a, dit-on, continué cette maison sous Henri IV, et dans la suite encore Mansart s'en occupa. Ce qui appartient à Jean Goujon est facile à reconnaître comme sculpture et comme architecture, car on doit supposer que cet artiste célèbre était aussi l'architecte des monumens qu'il ornait après. On remarque dans les proportions, dans les saillies et les profils, une entente du bas-relief et une finesse de travail toujours gracieuse qui font le caractère de ce maître et de cette architecture. On voit clairement le dessein de faire briller les parties destinées à la sculpture, et ces deux portions de l'art semblent avoir été combinées dans la même pensée, pour s'aider et se faire valoir mutuellement. Michel-Ange, Brunelleschi, Sansovino, Bernini, ne dédaignèrent pas l'art du constructeur, et tout porte à croire que notre Jean Goujon possédait ce double talent.

A l'hôtel de Carnavalet se lie naturellement le nom de madame de Sévigné. C'est là que cette femme si rare a passé douze ou quinze ans de sa vie; c'est là que furent écrites en partie ces lettres attachantes, sans modèle ni copie, que toutes les postérités liront avec avidité, parce qu'on y trouve à la fois l'histoire du cœur humain et celle d'un grand siècle. Quelques rapprochemens expliqueront cette idée et donneront en même temps l'occasion de citer ce qu'on revoit toujours avec plaisir: des fragmens de ces épanchemens maternels si peu compris ou si mal appréciés par celle qui les avait inspirés. Avec cette précaution, cette timidité, que lui donnait le besoin de ne jamais choquer une fille qu'elle avait fini par craindre tant elle l'aimait, Madame de Sévigné écrivait à madame de Grignan en 1677 : « Je vous conjure seulement de mander à d'Hacqueville « ce que vous avez résolu pour cet hiver, afin que nous prenions l'hôtel de Carnavalet ou non. » ..... « Elle veut donc (la Providence) que vous veniez cet hiver et que nous soyions en même « maison. Je n'ai nul dessein d'en sonner la trompette, mais il a fallu le mander à d'Hacqueville « pour nous arrêter le Carnavalet. Il me semble que c'est une bien grande commodité à toutes « deux, et bien de la peine épargnée, de ne pas avoir à nous chercher; il y a des heures du soir « et du matin pour ceux qui logent ensemble, que l'on ne remplace pas quand on est pêle-mêle « avec les visites..... Pour moi, je vais vous ranger la Carnavalette, car enfin nous l'avons et j'en « suis fort aise. »

En cette même année de 1677 Turenne et Ruyter venaient de mourir; le grand Condé se retirait à Chantilly; Louis XIV continuait la guerre contre l'empire, la Hollande et l'Espagne; avec l'aide de Vauban, il prenait en personne, Condé, Bouchain, Cambrai et Valenciennes.

1678. « Dieu merci nous avons l'hôtel de Carnavalet, c'est une affaire admirable; nous y « tiendrons tous, et nous aurons le bel air. Comme on ne peut pas tout avoir, il faut se passer « de parquets et de petites cheminées à la mode; mais nous aurons une belle cour, un beau jardin, « un beau quartier et de bonnes petites filles bleues qui sont fort commodes (le couvent des « Annonciades dans la même rue)..... Il faut que je vous parle un peu, ma fille, de notre hôtel « de Carnavalet; nous nous rangeons, nous nous établissons, nous meublons votre chambre..... « N'apportez pas de tapisseries, nous trouverons ici tout ce qu'il vous faut. Je me divertis « extrêmement à vous donner le plaisir de n'avoir aucun souci, au moins en arrivant..... Je « reçois des visites en l'air, des Rochefoucauld, des Tarente; c'est quelquefois dans la cour de

3

« Carnavalet sur le timon de mon carrosse …… » Je ne suis plus bergère…. me voici dans le
« raffinement de l'hôtel de Carnavalet. »

Tandis que madame de Sévigné recevait ses illustres amis dans sa cour, assise sur le timon de
sa voiture, l'Europe, étonnée et tremblante depuis plusieurs années sous Louis XIV, voyait le
comble de ses prospérités. Il signait la paix à Nimègue et ajoutait à ses États la Franche-Comté,
Dunkerque et la moitié de la Flandre.

1679, 1680, 1681. L'hôtel de Carnavalet, qui appartenait alors à M. d'Agaurri, avait d'abord
été loué pour six mois; mais, en 1679, madame de Sévigné conclut un long bail, et elle se
plaisait à faire arranger l'appartement de madame de Grignan. « Il demande (l'architecte)
« seulement le temps d'écrire à M. d'Agaurri, en Dauphiné, pour avoir la permission d'attaquer
« la vieille antiquaille de cheminée, dont il ne doute point..… Tout le malheur, c'est qu'il
« vous en coûtera moins que vous ne pensez; ils disent que cent écus feront votre affaire.… Vous
« n'entendrez pas parler de la dépense de votre bâtiment, n'y pensez plus.… Mademoiselle
« de Mery vient coucher ce soir dans votre petite chambre.… Je suis un peu étonnée d'y
« trouver une autre que vous, mais la vie est pleine de choses qui blessent le cœur. »

L'Hôtel-de-Ville décernait à Louis XIV le titre de Grand; Fouquet mourait ignoré à Pignerol,
et même le fait n'est pas bien constaté. Louvois trouvait moyen de réunir Strasbourg à la
couronne, comme ayant été jadis sous la dépendance de l'Alsace; Vauban se hâtait de fortifier
cette place; on créait le port de Toulon, celui de Brest, et Dunkerque et le Havre se
remplissaient de vaisseaux.

1685, 1686. Aux Rochers, madame de Grignan étant à Paris. « Comment profitez-vous du
« voisinage ? » C'était celui de l'hôtel de Lamoignon, rue Pavée, au coin de la rue des Francs-
Bourgeois. Son jardin s'étend parallèlement à celui de l'hôtel de Carnavalet. L'hôtel de
Lamoignon est un beau et vaste bâtiment qui existe encore en entier et qu'on répare même en ce
moment avec beaucoup de discernement et de goût.

Louis XIV épousait mystérieusement madame de Maintenon, et le prince de Condé, mourant
à Fontainebleau, laissait par son testament cinquante mille écus, pour être distribués dans les
lieux où il avait causé les plus grands désordres pendant la guerre civile.

1688, 1689 …. « Vous êtes toujours trop tendrement regrettée et souhaitée dans cette petite
« chambre (le chevalier de Grignan l'occupait); le café y marche tous les matins, et c'est si bien
« dans ma destinée d'être servie la dernière, que je ne puis pas obtenir de l'être avant le
« chevalier.… Je suis dans la chambre du chevalier; il est dans sa chaise et tape du pied gauche.
« Je lui demande : Monsieur, quelle nouvelle? Savez-vous ce qu'il y a de vrai? Il me répond :
« Dieu est Dieu, Madame, je ne sais que cela. »

Philisbourg était pris en dix-neuf jours par Monseigneur, que les soldats surnommèrent Louis-
le-Hardi; l'année d'après le roi Jacques se réfugiait en France avec la reine d'Angleterre et le prince
de Galles; Esther était représentée pour la première fois à Saint-Cyr, et l'on attendait Athalie.

Nous ne finirons pas cette imparfaite notice sans repousser une accusation portée à plusieurs
reprises contre madame de Sévigné. Restée veuve à vingt-cinq ans, elle fut toujours sage, et
cette opinion, malgré quelques malins faiseurs de biographie, est demeurée la plus générale.
Peut-être cette sagesse lui a-t-elle coûté quelques soupirs; peut-être, trop sensible à l'esprit,
naturel ou non, la réputation de son cousin Bussy-Rabutin avait-elle monté sa tête et presque
effleuré son cœur; peut-être son amitié pour Fouquet fut-elle bien vive! Mais une seule raison

suffirait pour convaincre les incrédules; la passion véritable qu'elle eut pour sa fille, passion mêlée de craintes, de jalousies, d'injustices, de douleurs, enfin de tout ce qui comprend ce mot : Passion, a trop rempli son existence, et l'ame ne saurait contenir à la fois deux sentimens de cette profonde tendresse, quel qu'en soit le nom. Et d'ailleurs, outre l'idée dominante de madame de Grignan, la place immense qu'occupaient encore dans la vie de madame de Sévigné ses amis, ses connaissances, la cour qu'elle voyait peu, mais qui l'agitait sans cesse, ne laisse point admettre la possibilité d'un attachement ou d'une intrigue.

L'hôtel de Carnavalet, sous l'empereur Napoléon, devint l'habitation d'un homme d'affaires qui donnait des bals, et qui avait fait parqueter le salon parce qu'il n'était pas agréable de danser sur le carreau. Au surplus il respecta le reste. On voyait encore les compartimens de treillage du jardin, les bordures de buis, et même une balançoire de corde remplaçait l'escarpolette, exercice favori, à ce qu'il paraît, de mademoiselle d'Alerac, seconde fille de M. de Grignan, que M. de Sévigné appelait *sa Princesse*. Maintenant cette maison est un pensionnat. Le petit cabinet où le glorieux Adhémar reposait : *Ce beau sang bouillant qui fait la goutte et les héros*, sert, dit-on, de cabinet noir aux enfans mutins. Après la pension viendra un magasin, un théâtre, une masure, des ruines; car les monumens des arts tombent aussi et ne laissent que des traces indéchiffrables à la place des chefs-d'œuvre que nous admirons aujourd'hui sans pouvoir les retenir dans leur chute. Mais, et ceci est à l'éloge des hommes, on conservera éternellement le souvenir de cette personne si particulière dont toute la gloire est d'avoir su mieux aimer que les autres. Gloire exempte de vanité; sans repentir, sans détracteurs; vraie gloire de femme, et la seule peut-être qu'il soit permis à chacune d'elles d'envier.

La Ctesse DE MEULAN.

PORTE DE L'HÔTEL DE CARNAVALET,
rue Culture S.te Catherine.

LA COLONNE

DE L'HOTEL DE SOISSONS.

Il y a un petit livre en trois volumes in-12, appelé les Curiosités de l'une et l'autre Rome, que le père Nicolas de Bralion, oratorien, fit imprimer de 1655 à 1659[1]. Dans ce petit livre Nicolas de Bralion fait une dissertation sur les colonnes antiques[2]; il les distingue en colonnes d'ornement et d'honneur, et colonnes de besoin et d'utilité. Je suis bien fâché que le bon oratorien se soit borné aux colonnes de l'une et l'autre Rome, comme il l'appelle; car, en adoptant sa distinction, on aurait été curieux de savoir dans quelle catégorie il eût rangé la colonne de l'hôtel de Soissons.

Tous ceux qui ont écrit sur l'histoire et les antiquités de Paris se sont accordés à dire que la reine Catherine de Médicis avait fait élever cette colonne pour servir à ses observations astrologiques. On a recherché quel était le nécromancien qui l'avait engagée à la construire, quel calcul avait déterminé sa forme ou ses proportions, et l'auteur de Raoul de Pellevé lui-même imprimait, il n'y a pas bien long-temps, que, « dans une portion réservée de l'hôtel, près de « l'appartement de la reine, loin du jardin, par conséquent loin des regards indiscrets, une « colonne de cent quarante pieds de hauteur dominait une cour de quinze toises en carré; » et que, « sur le haut de cette colonne, une sphère dorée, souvenir de la sphère d'or que Constantin « éleva jadis au milieu du cirque de Rome, ou, peut-être, emblème de la science trompeuse à « laquelle Catherine avait trop souvent rapporté ses fautes ou ses crimes, brillait aux rayons du « soleil, ou murmurait des sons aigus quand elle était traversée par les vents. »

Ce n'est pas celui qui écrit cet article qui contredira l'auteur de Raoul de Pellevé; toutefois, il ne peut s'empêcher de remarquer que cette colonne, placée au milieu d'une cour de quinze toises, et cette sphère ouverte à tous les vents, devaient former un observatoire peu secret et peu commode; c'est pour cela sans doute que les calculs faits en ce lieu furent quelquefois si complètement déçus. Henri III, qui devait tout croire et tout craindre, s'était résolu, d'après les astres, à faire tuer le duc de Guise dans le jardin de l'hôtel de Soissons[3]. Mais les barricades furent plus expéditives que les astres : Henri III sortit de Paris; et le duc de Guise alla se faire tuer à Blois. Catherine, menacée par les astrologues de mourir en face de Saint-Germain, avait quitté le vieux manoir qui domine la forêt du Vézinet, et les tours de Nesle (qui furent vendues

[1] Le premier de ces trois volumes est dédié à Jésus, Fils de Dieu, Sauveur des hommes et Chef de l'Église; le second à la très sainte Vierge, Mère de Dieu, Reine des hommes et des anges; et le troisième au roi Louis XIV.

[2] Tome III, sect. 5, chap. 2.

[3] On sait qu'il s'appelait alors le *Séjour de la reine.*

au profit des reitres et lansquenets[1]), parce qu'elles relevaient de Saint-Germain-des-Prés, et les Tuileries parce qu'elles étaient sur la paroisse de Saint-Germain-l'Auxerrois. Elle était venue bâtir, avec son goût et sa magnificence ordinaire, le *Séjour de la reine*, ses portiques, ses galeries, sa colonne; la mort n'en arriva pas moins, et l'évêque de Nazareth, qui assista Catherine à ses derniers momens, ne s'en appelait pas moins Laurent de Saint-Germain. Vous voyez que je veux rester neutre avec l'astrologie; je dis le bien comme le mal. Croire aux astres ou croire aux hommes est à peu près même chose; et la superstition est tout à la fois un supplément et une raillerie de notre intelligence.

Catherine de Médicis avait, en mourant, laissé le *Séjour de la reine* à Christine de Lorraine, sa petite-fille. Ses créanciers y mirent arrêt. Elle aurait voulu laisser la couronne aussi au frère de Christine; un autre la revendiqua. La France se trouva juge : Henri IV fut roi : et la sœur de Henri, Catherine de Bourbon, devint propriétaire de l'édifice élevé par Catherine. L'usurpation est comme une dette: elle a son temps à courir, elle peut être prolongée; mais l'instant arrive toujours où il faut régler son compte avec Dieu et devant les hommes.

Après l'astrologie, ce fut l'amour qui fit le destin de ce palais. Charles, comte de Soissons, aimait depuis long-temps Catherine de Bourbon. Elle mourut assez jeune pour n'être pas encore oubliée, et le comte de Soissons acheta d'abord la demeure où elle avait vécu, où il avait été épris d'elle. Le *Séjour de la reine* devint l'hôtel de Soissons[2]. Mazarin y maria sa nièce[3]; le prince Eugène y vit le jour[4]. Qui sait si ce n'est pas au pied de la colonne de Catherine, si ce ne fut pas sous les cercles de sa sphère que la comtesse de Soissons imagina les imprudences qui la firent accuser à l'époque du procès de madame de Brinvilliers? Qui sait si elle ne consulta pas les astres lorsque, de concert avec Vardes, elle écrivit cette lettre espagnole destinée à éclairer la reine Marie-Thérèse sur l'amour de madame de la Vallière[5]? On est toujours tenté de chercher une erreur pour motif à une mauvaise action.

Ce qui semble certain, c'est qu'il n'était pas dans la destinée de l'hôtel de Soissons de servir de séjour aux passions nobles ou généreuses. Avant d'avoir été rebâti par Catherine de Médicis, il avait été vingt fois vendu et revendu; après avoir passé à MM. de Carignan, il fut, à plus d'une reprise, séquestré par des créanciers. Vers cette époque où le système de Law mit Paris en désordre et la France à l'encan, un vertige subit précipita tous les agioteurs dans le jardin de ce palais. Les statues de Germain Pilon, le portique imité de Vignole, la riche ordonnance des appartemens ou de la chapelle, n'attiraient plus même les regards de la foule qui se pressait en ce lieu. L'astrologie était dépassée par l'agiotage, et jamais Gauric ou Risa-Cazza n'avaient prophétisé de fortune ou de ruine égales à celles que les bons de la banque ou les actions de la compagnie du Mississipi créaient ou détruisaient en quelques heures. Mais, au bout d'une année, lorsque l'État se trouva libéré de ses dettes, la morale publique dégradée et les mœurs atteintes d'une blessure si profonde qu'elles n'ont pu guérir; lorsqu'on s'étonna d'avoir

---

[1] En 1571.

[2] Marie de Bourbon, seconde fille de Charles, comte de Soissons, quitta l'habit et le titre de coadjutrice de Fontevrault, en 1624, pour épouser Thomas-François de Savoie Carignan, cinquième fils de Charles-Emmanuel Ier, duc de Savoie, et lui porta le titre de comte de Soissons.

[3] Olympe Mancini épousa Eugène Maurice, fils du prince Thomas.

[4] Le 18 octobre 1683.

[5] En 1663.

tant osé, tant abusé, l'hôtel de Soissons fut frappé d'une espèce de réprobation, comme si l'on eût voulu excuser les personnes en déclarant le lieu infâme. Des joueurs s'y établirent; des mœurs impures cherchèrent un asile sous ces beaux ombrages. Le palais fut abandonné. La chapelle tomba en ruine. Une administration dilapidatrice accélérait la ruine du prince de Carignan. Il mourut[1] et l'on vendit les statues, les marbres, les démolitions, car on démolissait au hasard. On vendit les arbres et le sol sur lequel ils étaient plantés. On vendit les tableaux sur place et les ornemens encore attachés au mur. Déjà le marteau des acquéreurs atteignait la colonne. Un magistrat, qui se souvenait des Médicis ou des Guise, l'acheta huit cents livres à condition qu'elle serait conservée. La colonne demeura debout, non comme un souvenir, mais comme un débris. C'est assez le sort de tout ce qui nous survit.

Au commencement du dix-septième siècle l'hôtel de Soissons, avec toutes ses magnificences, avait été vendu un peu moins de cent mille livres; en 1755, le terrain, nu et déshonoré, fut acheté près de trois millions par la ville de Paris qui voulait y placer la Halle-au-Blé. Cette halle fut construite. On engagea dans le mur la colonne qui subsiste encore. On ouvrit une fontaine dans le soubassement. On fit plus encore; on demanda à un savant genovéfain, membre de l'Académie des sciences[2], de tracer un méridien sur le fût. C'était comme une politesse, un hommage, si vous voulez, que l'orgueilleuse incrédulité du dix-huitième siècle accordait, presque sans le savoir, à la crédulité passionnée du seizième. La colonne existe; la fontaine sert quelquefois encore; le méridien n'est plus consulté par personne. En fait de durée, je crois qu'il y a plus encore à parier pour la passion que pour la raison. Si vous passez maintenant près de cette colonne, vous y trouverez quelques forts de la halle qui se reposent, quelques enfans qui jouent, quelques femmes qui se chauffent au soleil. Il y avait là, autrefois, les cavaliers de M. de Guise ou les huguenots de M. de Coligny, les filles de M. le connétable avec leur suite ou les courtisans avec leurs riches habits et leurs paroles dorées. Nous sommes dans un temps où le passé a plus d'imagination que l'avenir.

Je ne veux pas quitter l'hôtel de Soissons et sa colonne sans vous soumettre une humble observation. Nous répétons tous, depuis bien long-temps, que les monumens élevés sous le règne de Henri II portent tous des *H* et des *D* entrelacés, en mémoire de Diane et de Henri. Ne prendrions-nous pas quelquefois un *C* pour un *D* et Diane pour Catherine? La colonne de l'hôtel de Soissons conserve encore plusieurs de ces emblèmes, et j'ai peine à croire que Catherine de Médicis eût placé le chiffre de Diane sur la colonne que Bullant élevait. Peut-être ai-je tort, au reste, et dois-je m'en rapporter à ceux qui ont une si bonne idée de la vertu de Catherine de Médicis.

Le Comte A. DE PASTORET.

[1] En 1747.
[2] Le Père Pingré.

COLONNE DE L'HÔTEL DE SOISSONS.

ARCADE SAINT-JEAN.

L'effet pittoresque de l'arcade Saint-Jean ne peut être contesté quand on examine le dessin qui la classe ici parmi les souvenirs du vieux Paris, et si on s'est arrêté sur la place de Grève pour contempler l'Hôtel-de-Ville, dont cette arcade fait une partie essentielle, l'Hôtel-de-Ville un des édifices publics les plus remarquables de la grande cité. On ne pense pas toujours, en continuant sa marche vers le quartier Saint-Antoine, à se retourner pour donner un coup d'œil au côté opposé du pavillon qui s'élève au-dessus de la voûte que l'on vient de traverser ; on ne l'observe guère non plus, quand c'est par la direction contraire que l'on arrive à la Grève, à moins que l'on ne soit amateur presque passionné des aspects, des points de vue, que forment encore ces anciens monumens de la capitale, trop près, hélas ! de nous échapper !

L'arcade Saint-Jean a été motivée par la nécessité de laisser un débouché à la rue Saint-Antoine ; mais ce débouché, qui pouvait suffire lorsque le nombre des voitures circulant dans Paris n'était pas la centième partie de celles qu'on y voit aujourd'hui, est devenu une cause fréquente d'accidens. Un des premiers projets à mettre en exécution serait de donner à la longue et importante rue que j'ai nommée tout à l'heure une communication directe avec le quai, au-delà de l'Hôtel-de-Ville, dans lequel l'arcade serait alors incorporée. Ce projet étendrait dans l'intérieur les distributions de la maison municipale, qui gagnerait beaucoup, au surplus, pour la perspective à être vue entièrement isolée du côté gauche de la façade.

Malgré ses défauts l'Hôtel-de-Ville est une construction grande et noble, surtout bien assise et bien posée sur elle-même. En étudiant son aspect général, on peut regretter de ne pas trouver de plus heureuses proportions entre les parties supérieures des deux pavillons et le reste de l'édifice. On peut regretter encore la forme allongée, raide et sèche du cartouche de l'horloge, de son support et de son couronnement, qui devrait mieux unir les ailes, mieux lier l'ensemble ; mais les yeux se reposent avec charme sur toute la partie inférieure de la façade, principalement depuis le sol et le perron jusqu'au premier étage. Il y a de l'élégance dans la disposition des colonnes et des entre-colonnemens, de la grace dans l'agencement des fenêtres et le dessin de leurs encadremens. Enfin, on trouve là quelque chose de l'imagination riante et pure qui créa aux Tuileries pour Catherine de Médicis un palais enchanté, mais condamné depuis à subir tant et tant d'altérations contraires au bon goût en architecture.

Fondé par le brillant successeur de Louis XII et bâti par le bon Henri, l'Hôtel-de-Ville appartient encore à l'époque qui précéda François Ier, mais à laquelle ce roi des arts et du goût, cet ami couronné du roi des peintres, mérita de donner son noble et glorieux nom. Ce qui me plaît surtout dans les édifices de cette époque, c'est qu'ils sont eux-mêmes, s'il est permis de s'exprimer ainsi, c'est qu'ils sont le fruit d'imaginations qui avaient vu et étudié sans doute, mais qui du moins produisaient à leur tour, de leur propre fonds, et ne se contentaient pas, comme nous le faisons aujourd'hui dans notre impuissance, de rendre tout indigeste ce qu'ils avaient reçu.

On se demande pourquoi l'auteur du dessin n'a pas choisi la façade principale de l'Hôtel-de-Ville, au lieu de l'arrière-face de l'arcade Saint-Jean; mais en nous faisant voir un coin de l'édifice, n'est-ce pas l'ensemble qu'il a voulu nous recommander? J'incline à le penser. En effet si le dessin d'un fragment sans importance plaît tant aux yeux, que doit-il en être du monument tout entier, de ce monument si fréquenté et si peu connu des Parisiens; de ce monument enfin que j'ai souvent, moi aussi, regardé en traversant la place, mais que peut-être je n'avais jamais bien vu? Eh bien! on voudra le voir; on fera ce que j'ai fait; on ira tout exprès et on reviendra, non moins charmé d'avoir découvert sous une noire apparence un brillant édifice, que d'avoir vérifié la réalité du séduisant dessin dont je m'occupe.

C'est à l'Hôtel-de-Ville que se développa le pouvoir de la municipalité parisienne, antérieure même au temps des rois francs, et long-temps jalouse de son autorité dont le commerce avait fourni les premiers élémens; jalouse aussi de ses priviléges pour lesquels luttaient les échevins, choisis tous dans la classe des commerçans, et leur chef, le prévôt des marchands. Le corps municipal, qui fut connu plus tard sous le nom d'Hôtel-de-Ville de Paris, était chargé de la police de la navigation[1] ainsi que de l'approvisionnement même des bois et charbons.

Entre autres souvenirs historiques attachés à la localité dont il s'agit, ceux de la Fronde se présentent d'abord à l'esprit; de la Fronde si noble, si courageuse, si étourdie, si véritablement française, qui offrait le mélange le plus singulier et le plus piquant d'intrigues, de fêtes, de galanterie et de combats. On se retrace les assemblées politico-religieuses qui s'y tinrent en 1652, mais surtout la plus célèbre, celle du 4 juillet, à la suite du combat Saint-Antoine, et de la victoire du grand Condé qui ne faisait que commencer la page à arracher de son histoire. Cette assemblée fut suivie de menaces, de violences et même d'un siége auquel mit fin l'entrée du duc de Beaufort et de Mademoiselle, si chevaleresque alors.

Et comment oublier à l'Hôtel-de-Ville, le rôle qu'y a joué dès le début de nos troubles politiques de 1789, la fameuse commune de Paris dont l'ambition et la violence allèrent toujours croissant. On croit voir encore dans l'ancienne salle du trône ces représentans complices de Robespierre, qui siégeaient et donnaient leurs ordres souvent si funestes sur un amphithéâtre demi-circulaire que l'on avait construit tout exprès pour eux. Depuis ce temps on y a dansé, donné des banquets splendides, juré, conspiré; on y a servi et trahi tour à tour tous les régimes.

L'imagination se reporte encore et bien douloureusement sur les deux visites si peu libres de Louis XVI à l'Hôtel-de-Ville, en juillet et octobre 1789. Ce fut au pied du grand escalier que ce monarque consciencieux et qui, comme Malesherbes, avait pendant un temps joint des opinions nouvelles a ses vertus antiques[2], mais qui avant tout était bon, ennemi du sang et ami d'une

____

[1] Mercatores aquæ Parisiaci.

[2] Bonald.

sage liberté, reçut de Bailly la cocarde tricolore. Le maire improvisé imitait en cela Etienne Marcel, chef aussi de la municipalité de Paris, qui, en 1358, avait obligé Charles, dauphin de France, à prendre comme sauvegarde son propre chaperon, qu'il lui imposait, chaperon aux couleurs rouge et bleue que les révoltés avaient alors adoptées.

Le prévôt des marchands Flesselles fut immolé le 14 juillet 1789 sur le perron sans l'avoir aucunement mérité; c'était avant l'arrivée du roi. Quelques jours plus tard le sacrifice de Foulon et de son gendre Berthier, consommé au même endroit, préludait à bien d'autres fureurs.

Louis XVI avait été amené seul, la première fois; il revint plus tard (le 6 octobre) avec sa famille, pour qui s'ouvrait une carrière d'indicibles malheurs.

Robespierre, à son tour, déchu de sa terrible puissance, fut conduit comme prisonnier à ce que l'on appelait alors la Maison-Commune, le lendemain du 9 thermidor, jour de si longue mémoire; c'est là qu'il tenta de se suicider et qu'il passa une journée entière dans les souffrances les plus vives, pour être traîné d'abord au comité du salut public, où il régnait encore la veille, et de là emmené à l'échafaud, où il avait fait monter tant et tant de victimes. Son frère, avant lui, voulant se soustraire au supplice ou bien aux excès du parti triomphant, s'était jeté du haut d'une fenêtre du même édifice et s'était brisé le crâne sans se tuer.

Là aussi s'est préparée, au 31 mars 1814, la déchéance du soldat-roi, de l'homme qui avait été pendant dix à douze ans le maître de l'Europe comme de la France; enfin c'est du même lieu qu'est partie la foudre qui a brisé le trône de Charles X.

C'est sous l'arcade Saint-Jean que la fidélité armée fit dans la soirée du 28 juillet 1830 ses derniers efforts de courage et de dévouement pour une cause frappée de malheur et à laquelle on pardonne si peu d'avoir été vaincue.

On a dit avec raison que l'Hôtel-de-Ville de Paris, de la cité reine, est devenu le berceau de tous les gouvernemens provisoires. Puisse la place sur laquelle il domine n'être pas souvent encore un théâtre de guerres civiles!

Dans les règnes paisibles de Louis XV et de Louis XVI, la maison municipale semblait être moins le centre d'une vaste administration qu'un édifice destiné essentiellement à quelques pompes publiques ou annuelles, aux fêtes de la royauté qui étaient présidées et dirigées par le gouverneur de Paris[1], d'accord avec le prévôt des marchands. Nous avons encore la royauté, mais où sont les fêtes? et, s'il y en a, de quoi vient-on se réjouir à l'Hôtel-de-Ville?

Oh! que j'aimais, à cette époque déjà si éloignée de nous, le programme des cérémonies qui y avaient lieu, soit à l'occasion d'un mariage qui, donnant un appui de plus au trône, créait de nouveaux rapports, des rapports honorables et utiles pour le pays; soit à la naissance d'un héritier de cette couronne de France qu'on avait tant de raison de croire à jamais affermie! De nos jours le programme de l'Hôtel-de-Ville a eu une acception bien différente!

On voulut en 1750 remplacer ce monument par une construction élevée à l'endroit même où a été bâti l'hôtel des monnaies.

Tel qu'il est resté il a le défaut de se trouver hors de proportion avec les besoins d'une ville immense, active et opulente. Il n'y a pas d'entrée pour les voitures, excepté par la grande porte de l'arcade pleine qui correspond à l'arcade Saint-Jean. Il ne donne accès qu'à l'habitation

[1] Le dernier était un descendant de ce Brissac qui ouvrit au Béarnais, pour le bonheur de la France, les portes de Paris.

du préfet de la Seine. C'est par des marches extérieures que l'on arrive à une porte du milieu assez mesquine pour un édifice de cette importance[1].

Mais sous cette arcade[2], long-temps voisine de l'église Saint-Jean et qui en a gardé le nom, quel passage continuel de voitures de toute espèce! Un de nos faiseurs connu pour appliquer à tout la statistique aurait là de quoi supputer et comparer.... Il suffit de dire que c'est la communication de tout un côté de la ville avec la rue et le faubourg Saint-Antoine, quartier si populeux et si remuant.

L'arcade de l'Hôtel-de-Ville a été traversée en 1793 et 1794 par un trop grand nombre de ces infortunés, plus ou moins illustres, plus ou moins dignes d'un sort meilleur, que l'on envoyait par charretées à l'instrument de mort, élevé alors près de la barrière du Trône. Les pierres qui composent la voûte et sa base, ainsi que le pavillon placé au-dessus, ont pendant bien long-temps frappé les regards des criminels livrés à la justice ordinaire des tribunaux de Paris, et prêts à subir leur peine sur la place de Grève, qui heureusement sera désormais délivrée d'un si triste spectacle. Un d'eux, faible, pusillanime, demandant avec une extrême frayeur, tout au commencement de son procès, jusqu'où cela pourrait le mener, je ne sais si ce fut un juge d'instruction, ou seulement un mauvais plaisant, qui lui répondit : Tranquillisez-vous, cela ne passera pas l'arcade Saint-Jean.

H. DE LA PORTE.

(1) La difficulté des entrées s'est fait sentir à toutes les fêtes publiques sous l'Empire et sous la Restauration jusqu'en 1821. On était obligé de rester souvent trois et quatre heures dans sa voiture avant d'arriver. A l'époque des fêtes municipales qu'amena la naissance du duc de Bordeaux, le préfet de la Seine, M. le comte de Chabrol, dont le nouveau Paris serait bien ingrat d'oublier la longue, paternelle et intelligente administration, eut l'heureuse idée de faire pratiquer, pour cette occasion, dix entrées différentes, et douze mille personnes arrivèrent à l'Hôtel-de-ville et en ressortirent dans leur voiture aussi facilement qu'un jour ordinaire.

(2) Au-dessus de l'arcade Saint-Jean se trouve la salle du zodiaque, célèbre par les charmantes sculptures en bois qui la décorent et qui sont en partie l'ouvrage de Jean Goujon, en partie l'ouvrage de ses élèves.

L'ARCADE S.T JEAN.

Rue Monceau S.t Gervais

L'HOTEL

DE LONGUEVILLE.

Charles, marquis, puis duc de La Vieuville, est un homme dont la destinée fut singulière. Fils d'un gentilhomme breton qui était devenu chevalier des ordres, ambassadeur en Allemagne et grand-fauconnier de France, il eut d'abord envie d'embrasser l'état ecclésiastique[1], et prit cependant une cuirasse au lieu du froc. A vingt-sept ans il était capitaine des gardes-du-corps et grand-fauconnier à la place de son père; à trente il était lieutenant-général du gouvernement de Champagne. Il était bien auprès du roi; il songeait, grace à ses alliances, grace à ses amitiés de cour, qu'il lui serait bientôt possible de prendre place dans le conseil. Vers ce temps-là, c'était en 1614 ou 1615, il venait d'épouser une riche héritière, la fille de Beaumarchais, trésorier de l'Épargne; il en avait eu beaucoup d'argent en dot, et il crut que ce serait faire de cet argent un profitable usage que se bâtir un logis de quelque magnificence. L'hôtel d'O, où il avait passé bien du temps de sa jeunesse au milieu de la famille de sa mère[2], était venu, il n'y avait guère d'années, aux mains de Charles d'Angennes et de Catherine de Vivonne, qui le faisaient rebâtir sous le nom d'hôtel de Rambouillet[3]. Charles de la Vieuville acheta les terrains voisins, et confia d'abord à Métézeau le soin de diriger le nouvel édifice qu'il voulait élever. Métézeau, que l'on ne supposait guère alors devoir construire la digue de La Rochelle, était cependant chargé déjà de l'église de l'Oratoire et de la galerie du Louvre. Il entra dans les idées de M. de La Vieuville. Bientôt l'hôtel, rapidement construit, vint se placer entre la rue Saint-Thomas-du-Louvre, la rue Saint-Nicaise, l'hôtel de Rambouillet et le jardin des Quinze-Vingts. Cet hôtel était simple d'ornemens, mais d'une architecture assez imposante; il n'avait pas ces beaux appartemens d'enfilade, ces fenêtres de plain-pied qu'avait inventées madame de Rambouillet, cette admirable chambre bleue où tant d'esprit amena quelquefois tant de ridicule; mais il contenait de grandes salles, des communs, des dépendances étendues, ce qui était nécessaire alors pour la vie d'une riche famille et l'habitation d'un grand seigneur.

Mais les maisons ont aussi leur destinée. M. de Luynes eut envie de l'hôtel de La Vieuville, et M. de Luynes était garde-des-sceaux, connétable, premier ministre, favori du roi. La Vieuville ne se fit pas prier; on lui compta 175,000 livres (qui vaudraient bien 500,000 francs de nos jours).

---

(1) Il naquit en 1582.

(2) Robert, marquis de La Vieuville, baron de Rugles, grand-fauconnier de France, avait épousé en secondes noces Catherine d'O, dont il eut Charles de La Vieuville.

(3) L'hôtel de Rambouillet occupait à peu près l'espace où sont aujourd'hui la rue de Chartres, le Vaudeville et les terrains que l'on vient de déblayer du côté du Carrousel.

Il les reçut comme un prix de convention et se figura bien que le prix véritable serait la faveur du favori. Son calcul avait quelque justesse. Par malheur M. de Luynes mourut; mais par bonheur M. de Schomberg, M. le chancelier de Villeroy, M. de Puisieulx, qui se partagèrent un moment l'héritage de cette faveur ensevelie si vite, étaient des amis de La Vieuville. Il fit agir les uns, il fit parler les autres; sa fauconnerie lui donnait grand accès près du roi; Beaumarchais, son beau-père, était le plus riche financier de ce temps et tenait en échec le Trésor-Royal. La Vieuville prit son temps; il demanda d'être fait surintendant des finances et il le fut (en 1623). A peu près vers cette époque Marie de Rohan, cette charmante connétable de Luynes que le roi aimait tant sans avoir osé le lui dire, déclarait son mariage avec le duc de Chevreuse; et le duc de Chevreuse achetait l'hôtel de Luynes (il le paya 130,000 livres) pour que madame la connétable n'eût pas à changer de demeure. L'édifice construit par Métézeau s'appela donc l'hôtel de Chevreuse. Marie de Rohan se trouva tout à côté de Catherine de Vivonne, l'esprit aimable auprès de l'esprit prétentieux et guindé, la plus grande compagnie du monde à côté des précieuses. On pouvait aller d'une porte à l'autre; on était dans la même rue, dans le même air; mais on n'était aimable, animé, digne d'envie qu'à l'hôtel de Chevreuse.

Voulez-vous supposer la rue Saint-Nicaise et la rue Saint-Thomas-du-Louvre existant encore comme elles étaient en ce temps, et l'hôtel de Chevreuse développant (ainsi que le représente l'ouvrage de Marot[1]) ses trois côtés égaux, sa cour intérieure ornée de statues et son portail surmonté d'un écusson d'armoiries? C'est derrière quelqu'une de ces fenêtres que Buckingham ou Châteauneuf, M. de Laignes ou M. le cardinal de Richelieu, vinrent ébaucher ou mettre à fin des intrigues de plus d'un genre. Madame de Chevreuse traversa cette cour en habit d'homme quand elle se sauva par les derrières de sa maison pour gagner Tours et s'en aller à cheval en Espagne. Ici au-devant étaient posées les limites du terrain neutre entre le parti royal et la Fronde, à cette époque où M. le coadjuteur de Gondy, venant les soirs faire sa cour à mademoiselle de Chevreuse, avait ses vedettes posées, comme il le dit lui-même, à vingt pas des vedettes royales. Vous rappelez-vous bien le chevalier de Gramont, qui fait soutenir sa partie de piquet par un détachement de cavalerie, et ne trouvez-vous pas quelque chose d'aussi gai dans le coadjuteur qui vient en galanterie avec une grand'garde et des sentinelles avancées?

Quelque peu après cette époque, et la Fronde étant finie, M. le coadjuteur était en prison[2], mademoiselle de Chevreuse mourait de la petite-vérole au lieu d'épouser M. le prince de Conti[3], La Vieuville avait passé par la prison pour revenir au ministère et arriver à la duché-pairie[4], et l'hôtel de Chevreuse s'en alla, comme les destinées de la Fronde, en d'autres mains que celles qui l'avaient élevé. Bernard de Nogaret, duc d'Épernon, l'acheta 400,000 livres de ce temps, pour y faire sa résidence et celle de son fils, M. de Candale, le plus aimable, le plus hasardeux et le plus brillant des jeunes seigneurs de ce temps-là[5]. M. de Candale sortait de la maison de Foix par sa grand'mère; il était petit-fils de Henri IV par sa mère[6], et, par conséquent, cousin-germain du jeune roi Louis XIV. Il prenait rang de prince; il se faisait appeler monseigneur, comme son grand-père se faisait appeler monsieur tout court. Le cardinal Mazarin lui destinait sa nièce: et l'hôtel de la rue Saint-Thomas-du-Louvre eût vu des fêtes royales. Un peu de fièvre

(1) *L'Architecture française*, ou Recueil des plans, élévations, coupes et profils des églises, palais, hôtels et maisons particulières de Paris; 1 vol. in-fol. Paris, 1727. — On retrouve aussi la vue de l'hôtel de Longueville dans le *Petit Marot*; 1 vol. in-4° oblong, 1760.

(2) Il fut pris le 19 décembre 1642.

(3) Au mois d'août 1652.

(4) Il fut fait duc et pair au mois de novembre 1651, et mourut le 2 janvier 1653.

(5) Le premier de la cour en bonne mine, magnificence, richesse, dit madame de Motteville. *Tom.* 4, *pag.* 422.

(6) Bernard de Nogaret, duc d'Épernon, avait épousé Gabrielle-Angélique, fille légitimée de Henri IV et de la marquise de Verneuil.

se mit à la traverse; M. de Candale mourut le 27 janvier 1658, ne laissant après lui ni fils ni frère. Son père le suivit au tombeau trois années après; sa sœur refusa d'épouser le roi de Pologne et se retira dans le couvent des Carmélites. En 1663 il ne restait plus à la cour aucune trace de cette prodigieuse fortune, de cette maison élevée si haut, de ces espérances si magnifiques, si étendues; et l'hôtel d'Épernon avait changé de maîtres.

Pour cette fois il revenait dans la maison royale. Henri d'Orléans, second du nom, duc de Longueville, et mari de cette belle et charmante duchesse de Longueville qui fut la Notre-Dame de la Fronde, venait de vendre le grand hôtel d'Alençon, sur l'emplacement duquel on allait commencer la partie nord du Louvre. Il acheta l'hôtel d'Épernon; il s'y établit; madame de Longueville vint habiter les appartemens de madame de Chevreuse. Quelque singulier hasard voulait que les illustrations de la guerre civile se succédassent en ce lieu. M. de La Rochefoucault y passait sa vie; M. le Prince y était sans cesse. Ce fut là que madame de Longueville et M. de La Rochefoucault apprirent presque à la fois que le jeune duc Charles Paris, le filleul de la Fronde et du parlement, le dernier de son nom et de sa branche, allait être élu roi de Pologne, et qu'il avait péri au passage du Rhin[1]. Remarquez-vous combien, sous ces voûtes dorées et dans cette cour majestueuse, il y a eu de misères, misères si grandes qu'elles ont été égales à toutes les grandeurs?

De deux mariages et de sept enfans qui avaient semblé devoir perpétuer la branche d'Orléans-Longueville, il ne restait plus qu'un fils, jésuite et prêtre, qui ne voulut quitter ni Rome, ni son collège, et une fille, Marie d'Orléans, mariée à Henri de Savoie, duc de Nemours. Tous les biens de la famille revinrent peu à peu sur la tête de celle-ci[2]; elle chercha si autour d'elle il ne demeurait aucun rejeton sur qui elle pût attacher ses espérances. Le comte de Soissons, celui qui fut tué à la Marfée, avait laissé un fils naturel destiné à l'ordre de Malte. Marie d'Orléans fit casser les vœux de ce jeune homme[3]; elle obtint qu'il fût comte de Dunois et prince de Neuchatel; elle lui donna une Montmorency pour épouse[4]; elle remit entre ses mains une part considérable des domaines de sa famille. Madame de Nemours était une personne qui, suivant ses propres expressions, aimait *assez* sa dignité et *passionnément* son repos. Elle voulut assurer Neuchatel et ses biens de Savoie au comte de Dunois, comme elle lui avait donné l'hôtel de Longueville; mais le duc de Savoie mit en retenue les biens situés dans ses États; l'électeur de Brandebourg s'empara de Neuchatel. Le roi de France avait trop d'affaires en Espagne et sur le Rhin pour prendre, comme il l'eût bien voulu, la cause de madame de Nemours. Elle mourut fort pieuse et résignée, et n'eut pas même la consolation de voir marier la fille de ce comte de Dunois, en qui elle avait tenté de ressusciter une maison condamnée à mourir. Cette fille épousa Charles d'Albert, duc de Luynes[5], et M. de Luynes revint s'établir à l'hôtel de Longueville, quelque quatre-vingts ans après que le premier duc de son nom l'avait abandonné à sa veuve. Cette histoire d'une maison ressemble à celle des hommes et des peuples : on s'agite, on se fatigue, on suit avec peine et labeur des illusions qui se succèdent, et, quand le repos arrive et nous enchaîne, on se trouve au point d'où l'on était parti. *Gran bella cosa l'human vivere!*

Je quitte les personnes; il faut revenir aux choses. Il n'est plus question du grand Condé, ni de madame de Chevreuse, ni de la politique de Louis XIV, ni des beaux cheveux blonds de madame de Longueville. Versailles avait enlevé à Paris son éclat, au Louvre sa cour, aux Tuileries leur apparence de palais. On n'y logeait plus, mais on y venait parfois. Quand on y venait il fallait placer les carrosses quelque part. La rue Saint-Martin, la rue Saint-Antoine et la rue de Matignon avaient leurs remises à fiacres; mais les voitures de louage, qui amenaient le service

(1) Le dimanche 12 juin 1672.

(2) Née en 1625, le 5 mars; elle se maria le 22 mai 1657 et mourut le 16 juin 1707.

(3) Il s'appelait Louis-Henri, était né en 1640, et mourut en 1712.

(4) Une fille du maréchal de Luxembourg.

(5) Le 21 février 1710.

intérieur de Versailles, ne pouvaient aller se loger à la rue Saint-Martin ou à la rue Saint-Antoine ; elles devaient être plus rapprochées des Tuileries, de l'Opéra, du Cours-la-Reine. On imagina de les établir à l'hôtel de Luynes ou de Longueville, car il avait conservé ce nom. Vers 1730, à ce que l'on peut croire, les magnificences des grandes familles qui s'étaient succédées en ce lieu, les armes du portail, les statues de la cour, firent place à des inscriptions plus modestes, à des constructions provisoires qui n'avaient pour but que l'utilité du moment. Moins de vingt années après, cette destination changea encore. Les fermiers-généraux, qui avaient acquis déjà l'hôtel Séguier pour y placer leurs bureaux et le centre de leur administration, achetèrent aussi l'hôtel de Longueville, qui demeura dans leurs mains jusques après 1790. Tout changea de forme avec ces nouveaux propriétaires ; la partie la plus remarquable de l'édifice, celle qui était tournée vers la rue Saint-Thomas-du-Louvre, fut démolie ou vendue ; les écuries d'Orléans couvrirent un côté de cet emplacement. Les étages inférieurs furent convertis en magasins, et des baraques, des échoppes de tout genre se glissèrent entre les murs qui furent bâtis de droite et de gauche.

La révolution arriva ; la révolution, toute étonnée de rencontrer une dégradation qui ne vint pas d'elle, laissa sous d'autres maîtres l'hôtel de Longueville consacré aux mêmes usages. La compagnie honorable et riche qui se chargea de la fabrication des tabacs, pour toute l'étendue de la république, prit en quelque sorte sa raison sociale du lieu consacré où elle avait remplacé les fermiers-généraux abattus par la hache révolutionnaire. Toutes les enseignes des débitans de France reproduisirent, à côté de l'annonce de leur tabac, le nom de l'hôtel de Longueville. Ce fut une autre illustration, la dernière, pour ainsi dire, réservée à l'ouvrage de Métézeau. Personne ne savait plus pourquoi cet ancien édifice s'appelait l'hôtel de Longueville, que tout le monde rattachait encore à ce nom l'idée d'un tabac plus pur, mieux fabriqué, plus naturel. Qui eût dit en 1620 à M. de Luynes, lorsqu'il lisait peut-être le traité composé par Jacques Ier contre le tabac[1], que le tabac et sa fabrication prolongeraient l'existence de ce magnifique hôtel où il s'établissait dans toute sa puissance ? Qui l'eût dit pour lors eût passé pour un visionnaire sans doute. C'est une si étrange vision que de voir plus loin ou mieux que le commun des hommes !

Celui qui aurait ainsi parlé n'aurait pas même prévu les vicissitudes dernières de l'hôtel de Longueville. Il avait été magasin ; il devait être quelque autre chose encore, et nous l'avons vu écurie. Le premier consul Bonaparte l'acheta ; les écuries impériales y furent placées. Sous le consulat une sorte de tolérance républicaine y conservait un passage qui se prolongeait jusqu'à la rue Froidmanteau, tout au travers d'une maison de la rue Saint-Thomas-du-Louvre. Sous l'empire, la maison, le passage, l'hôtel furent fermés. Celui qui écrit ceci y a vu, dans son enfance, un bureau dépendant du directoire ; plus tard un dépôt de tabac en feuilles ; ensuite un magasin d'avoine ; plus tard enfin de grandes salles abandonnées, des fenêtres désertes. Ces fenêtres étaient pourtant celles où tant de femmes et de princesses avaient paru dans leur éclat. Ces salles avaient entendu les sanglots de la douleur maternelle de madame de Longueville et les accens de fête du mariage de M. de Dunois. Mais les souvenirs même avaient disparu ; les souvenirs, cette dernière puissance, cette dernière erreur, si vous voulez, qui trompe encore les hommes alors même qu'ils pourraient n'être plus trompés.

L'hôtel de Longueville avait été affecté, dans les dernières années, au service des écuries du roi. Il a été abattu vers la fin de 1833, et la place où il s'élevait n'en présente plus maintenant aucun vestige.

Le comte A. DE PASTORET.

---

[1] Ce traité est intitulé : *A counter blast to tobacco*. Il fut publié avec les autres ouvrages de Jacques Ier, en 1720, à Londres.

RESTES DE L'HÔTEL DE LONGUEVILLE
rue S.t Thomas du Louvre

ANCIEN TRIBUNAL DE COMMERCE

RUE DU CLOITRE-SAINT-MERRY.

Que le caprice ou la coquetterie, que la fantaisie ou l'intérêt du fabricant, s'attachant aux
choses légères, aux vêtemens et aux bijoux des femmes, cherchent à en varier les formes, à les
étendre sans mesure ou à les restreindre tout à coup, on le conçoit; c'est là ce qu'on appelle la
mode, bizarre souveraine à laquelle sans doute il faut céder de bonne grace en ce qui tient aux
choses du monde. Mais voir s'étendre cette manie de changement au-delà de sa sphère véritable, voir appliquer à l'architecture les variables imaginations du modiste, voir élever en pierre
ou en marbre les aberrations du goût, supportables au plus en gaze et en carton, voilà ce qui
est réellement affligeant pour les amateurs éclairés des arts, et c'est ce que nous présentent tous
les monumens édifiés pendant presque toute la durée du dix-septième siècle et le commencement du dix-huitième, soit en France, soit en Italie.

Le règne de Louis XV a été pour notre architecture l'époque la plus funeste; lassés de cette
noble simplicité dont les bâtimens antiques avaient donné l'exemple, les architectes avaient,
sous François Ier, cherché un genre différent et créé un style nouveau. Ce style, modifié
successivement, conservait encore quelques restes de sa riche élégance sous Henri IV et sous
Louis XIII; il se chargeait d'ornemens plus pompeux, plus amples, plus abondans encore
sous Louis XIV; mais bientôt poussé par cet inévitable instinct de changement, entraîné sur
cette pente où l'esprit le plus ferme ne s'arrête qu'un peu plus long-temps, le goût dans les arts
se perdit complètement, et bientôt les conceptions les plus folles stigmatisèrent à jamais cette
époque, malheureuse encore sous tant d'autres rapports. Oppenord, le Bernin français, chargé
de travaux considérables, cherchait, par des formes singulières et par l'emploi d'ornemens
ridicules, à mériter une réputation dont il a joui alors seulement. L'exemple présenté ici peut
donner une idée de ce manque de jugement dans un architecte et de l'effet désagréable que
présentent à l'œil ces lignes contrariées, ces lourdes corniches interrompues, ces frontons brisés,
ces guirlandes, panneaux et cartels multipliés, ces consoles contournées et placées en clés de
voûtes; enfin cet ensemble que nos classiques devanciers flétrirent avec raison du nom de
rococo.

La construction des bâtimens situés rue du Cloître-Saint-Merry remonte, il est vrai, au temps
du règne de Charles IX. Ils furent occupés d'abord par *les juges consulaires* de Paris, et plus tard
par le Tribunal de commerce, et ce qui reste de ces constructions appartient presque entièrement
à l'époque de décadence que nous venons de citer.

Les juges consulaires ou *juges consuls* furent institués par un édit de Charles IX, du mois de
novembre 1563, enregistré au mois de janvier 1565. Ces magistrats s'établirent d'abord dans

l'auditoire Saint-Magloire; mais, le 16 novembre 1570, ils achetèrent, rue du Cloître-Saint-Merry, la maison du président *Baillet* et s'y installèrent peu de temps après.

A la suppression de la juridiction consulaire, cet immeuble devint domanial, et aujourd'hui il appartient au département de la Seine. Avant la révolution de 1789 on voyait encore, dans la salle d'audience, le portrait en pied de Charles IX, remettant aux juges consuls l'édit de leur création; celui de Louis XV, également en pied et donné par ce prince en 1758, était placé en face. Dans la salle du conseil était le buste de Louis XVI, par Lagrenée; enfin, sur la porte-cochère, se trouvait la statue de Louis XIII, sculptée par Guillain. Tous ces objets ont disparu.

Pour en revenir à une vérité affligeante, mais qu'il est impossible de se dissimuler, c'est que ce style ridicule, dont nous avons ri de bon cœur il y a vingt ans, commence à nous paraître moins extravagant, et que chaque jour il rencontre plus de partisans. De concessions en concessions, et sous le prétexte de n'être pas exclusif, on a d'abord toléré le gothique, l'arabe, le chinois, et du chinois au style de Louis XV il n'y a qu'un pas. Les yeux s'accoutument insensiblement à ce qui lui semblait si étrange; et nous-mêmes, ardens et fervens admirateurs de l'antique dans toute sa pureté, de l'antique dans la statuaire, de l'antique dans la poésie et dans la belle peinture de David et de Girodet, ne nous prenons-nous pas à sourire un peu malignement à l'aspect d'un nouvel ouvrage emprunté encore à l'histoire de ces Grecs éternels, sujets de nos vieilles amours? Le besoin du changement est une des faiblesses de notre nature, et nous le voulons même pour passer du bien au mal, et peut-être parce qu'il faut une époque de décadence après un temps de perfectionnement et de gloire.

Au Cloître-Saint-Merry se rattachent de pénibles souvenirs de sang et de deuil; puissent-ils nous servir d'exemple et de leçon! En politique comme en architecture, tâchons de profiter des fautes de nos devanciers; que la route du vrai, du bon, du beau, tracée par des hommes sages et habiles, soit constamment suivie; gardons-nous de l'attrait des découvertes; ne déclarons pas ennuyeux et monotones les chemins frayés par nos grands maîtres.

La Comtesse de Meulan.

TOURS ET TOURELLES.

Les débris de l'ancien Paris, ainsi qu'une vieille armure, restent suspendus aux murs du Paris moderne. Au milieu de la ville large, droite, alignée, on rencontre çà et là les traces sombres et sinueuses de la ville gothique, un pignon sculpté, une ogive en dentelle, une balustrade en colonnettes. On voit un arceau noir et brisé, appuyé sur une maison blanche, comme un vieillard appuyé sur une jeune fille ; la flèche d'un clocher percé à jour, s'élevant au-dessus des autres édifices, comme dans notre ame une pensée austère s'élève au-dessus de nos pensées vulgaires.

C'est sur les monumens que sont écrits, en caractères ineffaçables, les grands souvenirs et les histoires du passé. C'est au front des cathédrales, le long de ces aiguilles à perte de vue, dans ces riches et profondes ciselures, que sont empreintes les marques et l'influence du christianisme.

Les tours, les tourelles, et, comme on disait vieillement, les tournelles, étaient des apanages de noblesse. En disant : Ce gentilhomme a une tour, on indiquait sa dignité ; sa tour était sa couronne, sa girouette était sa bannière.

Les races princières et souveraines, les maisons ducales, les familles des comtes et des barons, n'allaient pas, vagabondes comme aujourd'hui, s'établir de rue en rue, de quartier en quartier ; elles avaient leur vieux foyer, leur manoir antique, décoré de leur nom et de leurs armes.

Alors comme chaque chevalier portait l'épée à son côté, à son côté aussi chaque demeure féodale portait sa tourelle, qui était sa défense et sa garde.

Plusieurs tours restent encore attachées au Palais de Justice, qui était autrefois le palais de nos rois. A l'une d'elles, Charles V, en 1370, fit mettre la première grosse horloge qu'il y ait eue à Paris ; elle avait été fabriquée par un habile mécanicien d'Allemagne, nommé Henry de Vic, que le roi fit venir tout exprès pour en avoir soin. Il le logea dans cette même tour et lui assigna un traitement sur les revenus de la ville.

Cet homme, amoureux de son art, consacra le reste de ses jours au perfectionnement de son ouvrage ; il en écoutait le bruit, il en suivait et réglait la marche ; tous les battemens de son cœur répondaient aux oscillations du balancier ; on eût dit que le mouvement des rouages faisait circuler le sang dans ses veines et qu'il recevait de cette machine la vie qu'il lui donnait.

Sa passion augmenta avec l'âge ; c'était une admiration, une contemplation perpétuelles. A peine une fois par semaine descendait-il le long escalier tournant pour chercher les provisions nécessaires à sa nourriture ; à peine à travers les étroits croisillons jetait-il un regard sur les maisons de la Cité et sur ces vastes jardins qui s'étendaient de l'autre côté de la Seine, au lieu même où devait s'élever plus tard la magnifique architecture du Louvre.

Cette population, marchant d'un pas inégal et tournant en sens contraire, dérangeait son système d'harmonie et bouleversait les combinaisons symétriques de ses idées. Tout lui semblait désordre et confusion auprès du chef-d'œuvre de régularité qu'il avait sans cesse sous les yeux.

Depuis vingt années, sans interruption, la cloche sonnait de quart-d'heure en quart-d'heure, et le cadran montrait toutes les minutes.

Un matin du mois de juin, le soleil était levé, et l'horloge n'avait pas annoncé les heures de l'aurore ; le soleil montait, et nulle voix dans les airs ne proclamait sa marche ; les toits des hauts édifices projetaient leur ombre sur les quais, et l'aiguille immobile oubliait de marquer les pas du temps.

Le peuple laborieux, les magistrats, les soldats, les artisans s'arrêtaient ; des groupes se formaient au pied de la tour, et la foule inquiète demandait la cause de ce silence et de ce retard. La rumeur générale grossissait, quand vint à passer Messire Pierre d'Orgemont, chancelier de France, qui matinalement cheminait sur sa mule pour aller conférer avec le roi. Sa présence apaisa les murmures; la porte fut ouverte par son ordre, et deux des gardes qui l'accompagnaient entrèrent dans la tour.

Les marches résonnaient sous leurs pas; les murs faisaient retentir le fer de leur dague, et personne ne venait à leur rencontre. — Parvenus à la petite chambre de l'horloge, ils trouvèrent le savant vieillard étendu mort sur le plancher. Sa face était tournée du côté de la machine, morte comme lui, et sa main tenait encore la clef d'acier avec laquelle il avait commencé à la remonter la veille.

Sa dernière pensée, son dernier regard, son dernier soin avaient été pour son chef-d'œuvre bien-aimé, et quand il eut cessé de le soigner, de l'admirer et de vivre… le chef-d'œuvre s'arrêta; comme un cœur de femme s'arrête quand elle est délaissée par celui dont l'amour seul réglait son existence et lui donnait la vie.

Les deux archers redescendirent; ils portèrent cette nouvelle au chancelier qui la transmit au roi. On pourvut aux obsèques du savant, on lui donna un successeur; l'homme avait cessé pour jamais, et la machine reprit son cours ordinaire.

L'aspect d'une vieille tour jette dans l'âme une impression indéfinissable; triste et sombre au dehors, elle éveille pourtant les plus brillans souvenirs de gloire et de tendresse.

Au milieu des brouillards de la nuit des siècles et de l'obscurité du donjon, on voit passer et se succéder des drames héroïques, galans et fantastiques.

Cette construction carrée ou sphérique, frêle ou colossale, c'est un abri d'amour, c'est une prison d'État, c'est l'habitation d'un fantôme; toujours quelque chose de mystérieux, et le vague instinct de l'homme se plaît au mystère; il aime une forme indécise se dessinant à l'horizon brumeux, une étoile entourée de vapeurs, une lumière tremblant sous le feuillage.

Dans ces temps de guerres incessantes, les femmes sentaient le besoin qu'elles avaient de la protection des chevaliers. Leurs mœurs et leurs occupations étaient distinctes; les soldats, les écuyers et les pages se livraient à l'exercice des armes; ils apprenaient à dompter les chevaux, à franchir les barrières; ils s'escrimaient et luttaient couverts d'une pesante armure; et les femmes gardaient la maison, travaillaient, brodaient, filaient et chantaient.

Au haut de la tour, à travers la fenêtre grillée, une jouvencelle venait épier les jeux guerriers. Alors un jeune seigneur, un damoisel ou un paladin apercevait au-dessus de lui une tête charmante et blonde qui semblait se lever comme un astre naissant pour présider à sa destinée.

La jeune beauté, à la hauteur des créneaux, dans les régions de l'air, radieuse au milieu des nuages, était regardée comme un être surnaturel; on l'invoquait, on l'adorait, et de là ces croyances superstitieuses de fées, d'enchanteresses, de magiciennes, cette fabuleuse poésie qui colore tous les récits du moyen-âge.

Lorsque dans ce séjour aérien les chants d'une voix virginale se mêlaient aux accords d'une harpe invisible, le cœur du guerrier tremblait sous la cuirasse d'acier, et les sons éclatans du cor répondaient à l'amoureux appel de cette céleste harmonie.

La voûte de la tour profonde avait reçu les confidences de la joie et de la douleur; elle avait entendu les soupirs de la jeune fille et les gémissemens du prisonnier, le nom du tyran maudit et le nom du page adoré. — Nul ne verra, nul n'entendra ce que la tour a vu et entendu; ce qu'elle sait, tout le monde l'ignore; mais quand, après des siècles, on pénètre dans son enceinte, on sent qu'il y a là bien des secrets; et on écoute, comme si l'écho allait parler pour vous les raconter.

L'amour a quitté ces sombres retraites, mais son souvenir y est resté; et quand le soir deux blanches colombes se posent sur la haute ruine, on croit voir l'âme de deux amans qui viennent visiter le séjour où ils se sont aimés.

Le comte Jules de Rességuier.

TOURELLE,
rue de l'École de Médecine

LES TOURELLES.

UNE TOUR DU XIV.ᵉ SIÈCLE

rue dit Petit Lion S.ᵗ Sauveur

LES TOURELLES.

TOUR DU PALAIS DE JUSTICE.

Côté du nord.

AVIS.

Il est presque impossible de classer, dans un ordre chronologique parfaitement exact, les planches composant ce recueil, à raison de l'incertitude qui règne sur l'époque précise de la fondation de plusieurs des monumens qu'elles représentent. Le style de leur architecture indique à peu près, sans doute, la date des constructions encore existantes, mais celles-ci ne sont bien souvent semblables en rien à l'architecture du monument primitif; Saint-Germain-des-Prés, par exemple, doit se classer parmi les plus anciens de nos édifices, le plein-cintre des voûtes de son clocher en est la preuve; et cependant le portail méridional, reproduit dans le dessin, appartient évidemment à la fin du dix-septième siècle. Il en est ainsi de quelques autres édifices.

Voici toutefois l'ordre qui semble le plus naturel et que pourra suivre le relieur, sans avoir égard au numérotage indiqué sur les planches du premier cahier, et en supprimant les planches III et III *bis* comme n'offrant que peu d'intérêt, et ne se rattachant pas assez directement à un monument connu.

Chaque feuille de texte doit précéder la planche ou les planches qu'elle explique.

www.ingramcontent.com/pod-product-compliance
Lightning Source LLC
LaVergne TN
LVHW052029060726
842528LV00002B/687